绽放是花朵的拿手好戏

青春美文精品集萃丛书·拿手好戏系列

《语文报》编写组 选编

时代文艺出版社

图书在版编目（CIP）数据

绽放是花朵的拿手好戏 /《语文报》编写组选编. -- 长春：时代文艺出版社，2021.6
（青春美文精品集萃丛书. 拿手好戏系列）
ISBN 978-7-5387-6759-9

Ⅰ.①绽… Ⅱ.①语… Ⅲ.①作文－中小学－选集 Ⅳ.①H194.5

中国版本图书馆CIP数据核字(2021)第096484号

绽放是花朵的拿手好戏
ZHANFANG SHI HUADUO DE NASHOU HAOXI

《语文报》编写组　选编

| 出 品 人：陈　琛 |
| 责任编辑：徐　薇 |
| 装帧设计：孙　利 |
| 排版制作：隋淑凤 |

出版发行：时代文艺出版社
地　　址：长春市福祉大路5788号　龙腾国际大厦A座15层（130118）
电　　话：0431-81629751（总编办）　0431-81629755（发行部）
网　　址：weibo.com/tlapress（官方微博）　sdwycbsgf.tmall.com（天猫旗舰店）
开　　本：880mm×1230mm　1/32
字　　数：135千字
印　　张：7
印　　刷：三河市嵩川印刷有限公司
版　　次：2021年6月第1版
印　　次：2021年6月第1次印刷
定　　价：36.00元

图书如有印装错误　请寄回印厂调换

编委会

主　　编：刘应伦

编　　委：刘应伦　赵　静　李音霞
　　　　　郭　斐　刘瑞霞　王素红
　　　　　金星闪　周　起　华晓隽
　　　　　何发祥　朱晓东　陈　颖
　　　　　段岩霞　刘学强

本册主编：陶绍兵

Contents 目 录

一杯茶，一人生

清点童年 / 田　娜　002
清点雨韵 / 汤　群　004
与诗词一起走过的日子 / 沈若云　006
与朋友一起走过的日子 / 舒　芬　009
心中的海 / 范文婷　011
风的印象 / 沈　雪　014
一杯茶，一人生 / 陶婷婷　016
何谓美 / 施　怡　017
何处无景 / 沈　琦　020
自我的生命 / 杨懿娴　022
读懂青春 / 沈若云　024
念亲恩 / 陶　静　027
时光的忧伤 / 范　婷　029
我的梦 / 陶佳悦　032
我爱过年 / 朱梦婷　034
中秋之念 / 陶雨卉　036

初悟星空　/　陶　琦　038
雨停了　/　沈　妍　040

平凡中的发现

平凡中的发现　/　李倩柔　044
熟悉的美丽　/　候在俊　046
邂逅护路天使　/　侯鹤敏　048
美丽，就在身边　/　张梦婷　050
写给你的一封信　/　金璐妍　052
那年，相逢在樱花树下　/　陶梦婷　054
温暖　/　陶　娟　057
平凡中的美丽　/　王　娟　059
平凡中的爱　/　周　缘　061
选择　/　陶欣甜　064
挫折是什么　/　陶国荣　066
只为遇见　/　陶　琦　068
她告诉了我　/　张晓兰　070
生命是一场遇见　/　顾先翠　072
遇见　/　陈　云　074
让我悄悄告诉你　/　许羽彤　077
遇见另一个自己　/　陶思佳　079
另一个我　/　汤慧俊　081
遇见生命　/　陶　萍　083

成长的故事

宽容与爱 / 陶佳悦 086
成长的故事 / 胡 迪 088
听见花开 / 周梦芹 090
成长的体验 / 陶梅悦 092
走向远方 / 陶 悦 095
致母亲大人 / 许馨悦 097
慢慢长大 / 张树芹 100
我给自己写封信 / 张欣悦 103
致少年的我 / 许慧娟 106
走向远方 / 侯菊美 108
一路成长 / 张梦婷 110
成长的蜕变 / 胡艳丽 113
感悟 / 王婧婧 115
最好的生活 / 陶文婧 118
时间纽扣 / 张雯慧 121
未来生活 / 陶毅翔 123
生活如茶 / 张雨欣 125
享受安静 / 孙成茜 127
仰望星空 / 张欣悦 129
爱的幸福 / 陶 丽 131
发现美丽 / 芮婷婷 133
别害怕 / 陶 洁 136

让我着迷的书

面对挑战	/ 刘　云	140
战胜困难	/ 陶欣欣	142
读懂自己	/ 陶　虹	144
一路书香	/ 沈　雪	146
书香四溢	/ 张　榆	148
让我着迷的书	/ 杨懿娴	150
关关雎鸠	/ 陶欣茹	152
池塘的四季	/ 陶水琴	154
萤火虫	/ 毛云云	156
你我只是"她"的配角	/ 陈州阳	158
我爱春天	/ 樊李玮剑	160
你，一幅美丽的风景画	/ 孙雨欣	162
熟悉的梦幻	/ 徐　莹	164
乡野秋韵	/ 奚宇珩	166
思念的凄美	/ 孙启敏	168
家乡的小溪	/ 沈贝贝	170

身边的风景

那个给予我生命的人	/ 陶心怡	174
那个最爱我的人	/ 陶梦雨	176

与你为邻 / 张红艳　178
感恩 / 陶欣欣　180
大小之爱 / 程雨轩　182
温暖的硬币 / 杨　静　184
最亮的星 / 徐　琪　186
难忘的感动 / 夏祉欣　188
难忘的小学生活 / 马晨旭　190
看，天上有只猪 / 芮婷婷　192
一件往事 / 陶晨欣　195
身边美景 / 陶丽娜　197
偶然的发现 / 胡梦妍　199
身边的风景 / 陶　洁　201
真情在生活中流淌 / 王　妍　204
我与丑小鸭 / 杨　琳　206
刺猬的拥抱 / 奚嫣然　208
我要的幸福 / 刘　云　211
最美的一景 / 王云蕙　213

一杯茶，一人生

清点童年

田 娜

童年,欢乐的时光。
晨读,在教室里咿呀歌唱。
课间,在操场上尘土飞扬。
放学,在回家路上奔跑欢畅。
夜晚,在台灯下冥思苦想。

——题记

六一,他们的节日……

今年的六一儿童节来的时候,免不了有些怀念,因为我再也不会为了这一天的到来而喜悦,我已经不再是儿童。听着窗外小朋友嘻哈的笑声,看看面前小山一般的作业,我深深地叹了一口气,托着下巴,眼神有些迷离,思绪已随着心中所想回到了从前……

那些年，我会和小伙伴一起跳皮筋，一蹦一跳，扎的两个小辫子一上一下的像蝴蝶在扇动着翅膀。我会和小伙伴们一起过家家，你当爸爸，我当妈妈。我会和邻家的小孩捉迷藏，会躲在扫帚堆里也不嫌脏。想到如此滑稽的场面，不由"噗"的一声，笑出了声。

童年，是欢乐的海洋。

跳皮筋，过家家，捉迷藏，玩弹子，堆雪人，打雪仗……

即使辫子乱了也不去理，即使手脏了也不去洗，即使衣服歪了也不去整，跑到集市，东看看，西瞧瞧，无拘无束很幸福。

在春天，闻百花开满枝头，好香；在夏夜，看夜里萤火虫打着灯笼，好亮；在秋季，看稻谷翻滚着波浪，金黄；雪地里，落下一串足迹，好长。童年的回忆甜蜜蜜。

童言无忌，不染沧桑，纯真是最美的风光。

夕阳的余晖撒在我的脸庞，那么柔和，其实过去的童年只是一个美好的出发点，就像落下的太阳明天还会升起，未来的路还有很长，"有梦在我不会累，为未来我有勇气追"，愿清风托起飞翔的双翼，光辉点亮我儿时的梦想。

在童年，我们拥有一样最美的东西，那就是——纯真。

我们用纯真的脚步走下了充满回忆的画廊！

清 点 雨 韵

汤　群

淅淅沥沥，淅淅沥沥。

耳边响起雨点敲落到大地的乐曲。

放下手中沉重的笔，揉了揉酸胀的眼，望向窗外。

呵，只听滴答，滴答。雨，似欢快，如精灵一般轻轻吻向大地。

我喜欢在雨中漫步，更有一番难得的惬意。听着雨水轻轻叩击大叶杨或梧桐树那阔大的叶片沙沙的声响，那种滋润到心底的美妙，即便是理查德.克莱德曼钢琴下流淌出来的《秋日的私语》那般雅致的旋律也无法比拟！

我也喜欢在雨中奔跑，享受奔跑时的酣畅淋漓。听着脚下慷慨激昂的协奏曲，看着发梢下的雨珠点滴，便觉得别有一番韵情。如此令人沉醉，沁人心脾，我又岂能不安于斯，醉于斯，钟情于斯呢。

有时，外面下着雨心却晴着；又有时，外面晴着心却下着雨。世界上许多东西在对比中让你品味。心晴的时候，雨也是晴；心雨的时候，晴也是雨。

雨有一种神奇，它能弥漫成一种情调，浸润成一种氛围，镌刻成一种记忆。当然，偶尔也能瓢泼成一种灾难。

春的风沙，夏的溽闷，都使人们期盼着下雨。一场雨还能使空气清新许多，街道明亮许多，春雨贵如油，对雨的渴望不独农人有！

在下雨的时候你也听听雨声吧，也许，她是世界上最清净的声音了。

当一个个音符落到五线谱上时，别忘了，听：滴答，滴答，余音绕梁……

与诗词一起走过的日子

沈若云

总喜欢在深夜,邀一轮明月,携一缕清风,品一盅香茗,捧一卷古书,任思绪畅游其中。在我蹒跚学步时,唐风宋雨便已浸润我的心,从"举头望明月"的思恋到"秋水共长天一色"的清丽,那些清词丽句总让我念念不忘,赞不绝口。冥冥之中,我感觉诗词已经洗净我的心灵。我与书结友,畅游在诗词的海洋里,感受着诗词带给我的每一丝哀乐——

"举世皆浊我独清,世人皆醉我独醒",当你站在汨罗江畔观看日出的时候,是否还记得那天地含悲的历史画面,屈原,你是我们智慧与情感的源泉。

"八十功名尘与土,三十里路云和月",你站在刑台上,面对闪着冷光的尖刀时,仰天长啸,发出"莫等闲,白了少年头,空悲切"的哀叹,天地亦为你动容。"青山有幸埋忠骨，白铁无辜铸佞臣"，岳飞，你唱出了我们每个爱国赤子的英勇气概！

"仰天大笑出门去，我辈岂是蓬蒿人"，一剑一诗一壶酒，这大概就是你的全部吧！但你不甘粉饰宫词，愤然离去，从此，成就了一个"天子呼来不上船，自称臣是酒中仙"的仙子。"长风破浪会有时，直挂云帆济沧海"，你并没有气馁，依然对未来生活充满希望。李白，你是佛前的一朵青莲，高洁又孤傲。你是世人心中的一朵青莲，浪漫而高贵。

"醉里挑灯看剑，梦回吹角连营"，看看满目疮痍的大宋江山，回忆起当年沙场秋点兵，弓如霹雳弦惊的豪情，你的痛苦溢于言表，万般愁绪皆堵于胸，于是你张口，却也只能叹秋直悲凉了吧！峥嵘岁月，你在抗金灯火最为阑珊之处，你的守望终成千古绝望！

"但愿人长久，千里共婵娟"，人生之不如意十之八九，回首走过的日子，一切皆为虚幻。"欲上青天，又恐高处不胜寒，把酒尽欢，一朝酒醉，醉问今夕是何年。"苏轼，你的超然脱俗、惬意悠然，我神往不已。

"常记溪亭日暮，沉醉不知归路"，你是否记得那位"倚门回首，却把青梅嗅"的害羞女子，可美好的日子像眼前满地的黄花，随风逝去，你是否明白"莫道不销魂，帘卷西风，人比黄花瘦"的那种忧伤，一种相思，两处闲愁。李清照，我们折服与你的感伤与才情。

"花谢花飞飞满天,红消香断又谁怜",朦胧中又见你的倩影,风吹动着你的愁思,如落花般飘逝。你一袭轻罗碧衫,轻轻地踏在斑驳的地面,瑟瑟的秋风拂过你的脸颊,吹散你的青丝,你轻轻地捧起凋落的红花,心痛到无法呼吸。黛玉啊,你惜花甚己的情意,痴迷于世。

"夕阳西下,断肠人在天涯",一匹瘦马,漫行古道,寒鸦飞掠,盘旋于枯藤缠绕的老树周围,落寞写满了你的脸,时间染白了你的发,依然行走,渐行渐远,一抹残阳,血红血红,无边的云彩犹如断肠一般。马致远,你那断肠碎心的悲曲,令我悲泪欲下。

诗词,在我忧愁的时候,有你听我倾诉;在我想念父母时,有你陪我思恋;在我成功之际,有你陪我高兴。是你让我知道,一朵花也有眷恋之情;是你让我知道,应热爱祖国的大好河山;是你让我知道,今朝有酒今朝醉的淡然旷达——是你轻轻触摸我心间的柔软,那雅韵浅唱将我征服。

与你一起走过的日子,是我此生最美好的时光。

与朋友一起走过的日子

舒 芬

时光,如流水般匆匆而去,脑海里的记忆随着时间的流逝慢慢褪色。可是有些人,有些事,依旧难以忘怀。

在每个人的一生中,或多或少都会遇到一些这样的朋友:在你开心的时候,和你分享喜悦;在你伤心的时候,陪在你的身边默默安慰;在你成功时,为你高兴却也会细心提醒你不要太过骄傲;在你失败时,不但不会打击你嘲笑你,反而会鼓励你支持你。

生活中,与你形影不离的是同学,与你嬉戏打闹的也是他们。总有几个是在你转身不愿前行时,背后推你前行的人。他没有太多语言,不需要太多表情,只会默默伴你走过一段短暂而美好的日子。在那段日子里,可能会有过心酸,有过争吵,有过不解,但最后收获得却是理解和温暖。

午后,我坐在阳台上懒洋洋地晒着太阳,目光在不经意间落在了几个邻家孩子的身上,看到他们尽情玩耍的快乐,纯真无邪的笑容,思绪便飘到了我和朋友一起走过的那段日子。

"嘿!把你的蓝色笔借我用一下!"头发短短,举止霸气的假小子挡在了我的座位前对我叫道,一种不借也得借的表情。

"只借不还,故意的吧!"

"呵呵,你到底借还是不借啊!不借我走了!"无措地用手搓了搓头。

"借!借!我借总行了吧!真受不了你!"唉!求人办事还这么霸道!

"谁叫我们是朋友呢!大行不拘小节嘛!"一把夺过!

操场旁的香樟树下,你追我赶的身影,都是那么的历历在目。

说起年少时光,总觉得再美好的词汇都不足以表达出心底的那份情怀。

青春总会流逝,年华总会暗淡,可是那些关于青春的悸动,却总是最难以忘怀的。友情在过去的生活里,就像一盏明灯,彻照了我的灵魂,使我的生命更加绚丽多彩。

朋友,与你一起走过的日子,是我喧嚣的青春中最美的乐章。

朋友,与你一起走过的日子,是我暗淡的年华中划过的最亮的那颗星!

心 中 的 海

范文婷

汹涌的波涛让人叹为观止,咸咸的味道让人流连忘返,大海,是一个农村孩子的梦。

是的,一个农村孩子最美妙的经历莫过于此。

我很幸运,曾与她共度了三天,虽只有三天,可那种滋味,我永难忘怀。

我带着期待和梦幻来看大海。

千里迢迢,我赶来这里,只是为了看海。当海水打湿我衣服的瞬间,做梦一般,四溢的清凉随着波浪漫过心扉,我赤着脚在海边奔跑着,大笑着。

大海是顽皮的,一朵朵浪花像淘气的孩子一般闹着笑着,当我靠近它们的时候,它们便追上来,挠我的脚心,挠我的腿,还调皮的往我的身上、脸上撩着水花。

当我要赶上去追它们的时候,它们便咯咯地笑着,回身跑回大海妈妈的怀抱，调皮的回头看着我，似乎热闹地说着什么。我便决心抓住它们，趁它们不注意，我飞奔过去，可机灵的它们左跳右跳，从我的指尖逃走了！

夜深了，我们在海边散步，欣赏着美丽的星空，看着大海涨潮，瞧！星星多有趣啊，密密麻麻的星星好像是渔人撒下的浮标，被海浪摇的闪烁不定，又像五线谱上奇怪的谱子，闪耀着，跳跃着，纷繁的弹奏出一支杂乱又自由的小夜曲，和着海风这位多才指挥家的节奏，时而高昂，时而平静。

我带着新鲜和快乐进入梦乡。

天色灰蒙蒙的，醒来的我再也无心入睡了，早早地便起了床。坐在海边，等待着传说中的日出到来。渐渐的，微咸的空气中，我闻见了朝阳的气息，它羞涩的从东方的山顶探出头来，天空中露出了一条浅红色的光带，那浅红色更给了我们神秘的期待！慢慢地，那一团火红爬上了高高的天空，探头探脑地瞧着金色的沙滩，仿佛在一片礁石缝中找寻着什么，正如我兴趣盎然的找寻。"找到了！"我兴奋地叫起来，我在海藻丛中发现了一只小海蟹，以迅雷之势捉住了它。

嘿！看那边，沙滩上，我看见一只小小的浅紫色的海星，正在朝大海的方向蠕动着，我想它一定是还在睡梦中被冲到沙滩上的吧。

我将脚慢慢探入水中，凉凉的水漫过膝盖，脚上有种麻酥酥的感觉。我屏住呼吸，闭上眼，将脸埋入水中，再睁开眼，想看个究竟。

我带着兴奋和不舍离开了大海。

又是一样的人山人海，可我却顿生伤感，只是因为我要离开了，我又来到这里，想再次亲亲的这凉凉的海水。

我将小蟹放回海中，用瓶子装了些海水和海藻，还带了些留恋。

大海啊，你将永远是我最美最深的回望！

风的印象

沈 雪

你轻轻地拂过我的脸,让我为你着迷。你没有色彩,却让世间风光无限。

古往今来,多少人为你倾倒,为你轻吟。"沾衣欲湿杏花雨,吹面不寒杨柳风",是你的姿态吧;"昨夜星辰昨夜风,画楼西畔桂堂东",是你的魅力吧;"舞低杨柳楼心月,歌尽桃花扇底风",是你的诱惑吧;"黄云万里动风色,白波九道流雪山",是你的豪壮吧。

你平淡、你多情、你潇洒、你豪放。

湖面,荡起丝丝涟漪。你挥洒爱的雨露,浸润着枯萎的树枝,滋养着田间的麦苗,伴着春光,你轻歌曼舞,向人们展示着你的魅力。春天的风,像一首清脆脱俗的乐曲,携着希望,唤起了沉睡的生命,也唤醒了多少惆怅的心。从此,我感受到了生命的活力,我陶醉在春风里。

你在夏日献出热情，让大地都郁郁葱葱。那动人的绿啊，激起农民对丰收的畅想与瞭望。我走在田埂，迎着你火样的激情，心中充满无限的遐想。有了你，我的心儿不再荒芜，青春的田野也从此有了色彩。夏天的风，谢谢你，让我的世界多姿多彩。

晚秋，你吹来了些许伤感，让我为你忧郁。我知道，你有灵性，多愁善感，在所难免，但你不孤单，因为你带走了所有色彩，装在你的心中。你充实，你幸福。我从落叶中读懂了你，你送走了幼稚，带来了成熟。我把落叶捧在手里，同时也把你留在心中。于是，我的青春也变得靓丽和稳重。

冬天，你像一匹难以驯服的野马，在田间奔跑着，把小草踩得一片狼藉，把落叶吹得漫天飞舞，吹走了华饰，吹走了虚伪，只留下赤裸的大山与大地。你用自己独特的方式，考验着世间一切事物的意志。冬天的风，你好强劲，击痛了我的脸，也打醒了我的心，让我学会了冷静地思考人生，不再叛逆，不再轻狂。我走在凛冽的冬天里，感受着人生的冷酷与沧桑。

我在风中行走，我与风亲密接触，感受风给我的唯美，感受风儿带给我的感悟。

风儿，与你一起走过的日子，是我一生最美的拥有。

一杯茶，一人生

陶婷婷

一杯清茶，仿佛能看透世间的一切。

中国的茶道远近闻名，不同的茶有自己不同的独特。一杯再好的茶给不懂的人去品味，也道不出个所以然来，但若是给一个内行的人，能道出茶的醇香与苦涩。

一杯茶是由新鲜的茶叶加工而成，我曾见到过这样一个小视频，茶道之人手拿一杯装满热水的玻璃杯，放入神奇的茶叶，片刻之后，那茶叶就像被施了魔法一般，在水中绽放，竟如一朵花儿一般绚烂！

一片茶叶，在水中之后，竟有如此美丽的变化，真是一个奇迹！

每逢佳节，父亲都要按照传统习俗送节，礼品中少不了有茶叶，爷爷偏爱茶叶，他的脾气略有暴躁，每遇祖父动怒，祖母便让我递去一杯清茶，这样，不仅能使祖父消气，我还可以得到祖父的夸奖呢。

何 谓 美

施 怡

何为美？美，谁能诉说请？

美，谁能概括出？

只知好看，看得舒心，便是美。

美也分很多种，朴素淡雅是美，奢侈风靡亦是美，而我，更崇尚朴素之美。

朴，未加工的木头。

素，未染色的白绢。

我曾被一片"海"深深地吸引。

犹记那天傍晚，校车如期到来，还是一如既往的拥挤，没办法的事，只好去适应。学弟学妹们活力充沛，一路上闹个没完没了。嬉戏，打闹，如平常一般。这时，一言不发且戴着口罩的我，明显有点不融其中。一天的学习让我有些劳累，并不想理会他们的嬉闹，闭上眼睛，用耳朵去感受⋯

没有期待中悦耳的鸟语，用耳朵去倾听，用心灵去感受。

没有想象中悦耳的鸟语，只有嘈杂的谈笑声，内心十分无奈，缓缓地睁开双眼，微皱的眉头诠释了我的感受。

突然，一道"金光"闪进我的眼睛，我似发现新大陆般欣喜，目光兴冲冲得像窗外扫去。终于我发现那道"金光"的真身——稻田。待收割的稻谷正迎风摇曳，硕重的谷子，压弯了秸秆。颠呀颠的，我的头不由自主地随着他们的节奏点了起来。它们好似约好一般，全部都倾倒于一边，那画面，那感觉，统一，自然，给我以享受。

我微微勾起嘴角。

这车上，像我这般的人，很少了吧！

于我而言，朴素之美不单单指纯天然的风景，也包括一种美的意境。

我喜欢看小说，别人看小说看人，我只读情节。

我曾在一本小说中看到"湛蓝色的湖边，苍白的少年坐在轮椅上，微风拂过他的衣袂发梢，一只美丽的鸟儿，在他指尖旋着，他整个人融入金色的暖阳中，纯净的仿佛透明一般"这般美好的少年，只有主人公注意到了。爱美之心，人皆有之。对于美的事物，谁能不喜？谁能不爱？谁又愿破坏？愿只愿，这美，可以长久的保存下去。

"世间不缺少美，只是缺少发现美的眼睛。"

朴素是清水出芙蓉，天然去雕饰；朴素是最永恒，最不易凋零的美；朴素是一种大美，是一种朴拙，自然，原始的美。

或许他并不是吸引人眼球的亮点，但却如清茶老酒般醉人！

何 处 无 景

沈 琦

撑一支心篙，在人生的长河里前行，盼望着一个来自远方惊喜的邂逅，盼望着能与成功撞个满怀，期待着想象中的大千世界，却往往忽视了身边的风景。

其实只需认真观察，何处无景？

"乱花渐欲迷人眼，浅草才能没马蹄"旖旎春光无限美，"绿树阴浓夏日长，楼台倒影入池塘，水晶帘动微风起，满架蔷薇一院香"，夏用炽热的阳光描绘出一幅别致的风景图。"停车坐爱枫林晚，霜叶红于二月花"，一片落叶，饱含相思，一缕残阳染尽千江红。"墙角数枝梅，凌寒独自开"傲立于风雪中的梅花，那一抹红迷了谁的眼？大自然用更替的四季诠释了它的美丽，这无疑是我们生活中最亮丽的一道风景线。

当夜幕降临，台灯的光慵懒的散落在窗前，斑斑点点，映着屋内的宁静与祥和，似串起了嘴角上扬的微笑。母亲轻推开门，手捧一杯牛奶，在我耳边轻轻地叮嘱着，句句亲切，一缕缕温暖萦绕心间，平淡却唯一。窗外，微风拂过落叶，吟诵着夜的微凉。枝上繁星满天，烘托出一片祥和的夜，不曾注意过的野花在这星空下竟展示着自己别样的风采。

暖光，清风，繁星，野花，互相映衬，共同谱写着一段又一段的夜之篇章。

一缕微风，一丝花香，一句叮咛，一个眼神无不透露着生活中的美，只是我们"久居兰室，而不闻其香"罢了。

愿我们做个有心人，着眼处便都是风景。

最美的风景不在远方，而在心上，带着一颗善于发现美的心，生活何处无景？

自我的生命

杨懿娴

草在结它的种子,风在摇它的叶子。

我们也就是这样,自己慢慢地,默默地,微笑的焚烧。随风飘荡,不问归期。

澄澈的水中泛起阵阵波纹,我又向下投去一枚石子,仔细看看,那水波是向外荡起的,水流下还可看到一两条想跃跃欲试的鱼儿。

吃过晚饭,出来散散步,本想拉着姐姐一起出来,但姐姐要复习功课,我便一人出来了。

正值桂花开放的季节,而这条路上仅有的几棵大树,偏偏又是桂花树。所以,不用闭上眼,便能感受到花的香气。独自一人走,难免有些无聊,想折枝桂花玩玩,走近,那些花全簇拥在一起,把花枝压的向下垂,好似英语字母中的"L"在水中形成的倒影。

这是桂花吗？这是桂花树吗？为什么和我脑海中的印象不同？去年，好像也是此处此时，我看见的桂花是稀疏的，是每枝上只有零散的几株的。唉！我不禁感到疑惑——在我心中打上一个大问号！看看这样茂盛的桂花，我不由得收回了我的手。

继续慢慢地往前走着，"咦"，前面那是桂花吗？我加快步伐往前走去。是一枝已经在地上的桂花枝，我俯身捡起，看见上面只有零星的几株桂花，不禁有些失望。

我不太高兴的愁一眼这枝花的出处。

突然，天空下起滂沱大雨，我要赶紧跑回家了，正准备用一百米冲刺的速度出发，而我看见大人们急急忙忙地跑过来，用塑料薄膜帮那几棵桂花树盖上，嘴里还念叨着："这花新近种的，活棵都不容易，别被雨水灌坏了！"

我又看了一眼那一棵桂花树，心中的敬佩油然而生，竹席加摇椅，星光加晚风，如今多了个桂花加秋风，也许你的样子从未被别人记得，但是你永远不会被风吹着日渐消失在记忆里。

读懂青春

沈若云

所有的结局都已写好
所有的泪水也都已启航
却忽然忘了是怎样的一个开始
在那个古老的不再回来的夏日
————题记

时光如流水般匆匆,留下一串绝美的回响。风很温柔,停在我的肩头,蓦然回首,青春就这样悠悠地向我走来。

青春,只不过是漫长人生中短暂的几年光阴,却让无数人为它倾倒,为它吟咏。有人说青春是一本苦涩的书,处处回荡着忧伤的旋律。有人说青春是一本甜蜜的书,承载了太多美好的记忆。为什么青春如此令人着迷呢?我不懂，我要努力读懂它。

走进学校，映入眼帘的是笑脸。风轻轻吹起少女们柔顺的长发，空气中弥漫着淡淡的栀子花的香味，清新美好，一如我们的青春。跑道上，少年们如一匹匹脱缰的野马，你追我赶，衣服早已被汗水浸透了，但是他们毫不在乎，仍然奋力地跑着，充满青春的活力。我想："这就是青春吧！"

青春时期，我们总是在不断地幻想自己的未来。我们有天马行空的想法，有特有的敏感与惆怅，有说走就走的冲动与热血。悠然愉悦时，我们曾像曹操一样，青梅煮酒，纵论天下英雄；悲伤忧郁时，竟把自己比作李清照笔下所写的"人比黄花瘦"；豪情万丈时，也敢放下"我辈岂是蓬蒿人"的不羁之言。青春，那如同宝石般永远闪耀的年代，那些欢乐的，热闹的，有滋有味的日子；那些烦恼的，孤独的，枯燥乏味的日子，都是我们青春画布上浓墨重彩的一笔。我想："这就是青春吧！"

青春年少时，我们总是在不断地追逐自己的梦想。我们年华正好，可以狂妄的与天叫板，与地抗争。我们总是认为自己是世界的中心，总是认为有大把的青春可以挥霍，总是以为只要努力，任何事都可以做到。谁的青春不美丽？谁的青春不精彩？谁的青春不狂妄？可是，再美的花朵盛开过后就会凋落，再亮眼的流星，一闪过后就会坠落。这一切都像花火，短暂而美丽。

在时间的年轮里，青春就如同"云影般匆匆掠过，逐渐隐没在日落后的群岚"，我们注定要与青春离散在岁月的风里。所有的房子都会成为故居，所有的容颜都会成为故人，所有的情节都会变成故事。那些我们曾经深爱过的人，曾经憎恨过的人，也终将在兵荒马乱的青春中错失掉彼此。我想："这就是青春吧！"

当我们告别青春，我们会学会原谅，学会珍惜，学会感恩，这些都是青春赐予我们的最为珍贵的礼物。青春不仅要有花朵的笑靥，还要有辛勤的努力。青春像一只铜铃，系在我们脚踝上，只有不停奔跑才能发出悦耳的声音。所以不要害怕困难，不要害怕孤独，不要害怕失败，努力追逐自己的梦想吧！"既然选择了远方，便只顾风雨兼程。"我想："这就是青春吧！"

白驹过隙，韶华易逝。秋天唱着歌，风吹动着书页，时间在前进抑或在后退，最终停留在这骄傲的年纪里。你是否还没有读懂青春？是否还在彷徨？是否还在犹豫不定？不要害怕，让我们与青春携手，向美好的未来进军！

念 亲 恩

陶 静

父母——一个简单的名词，却需要我们花大半辈子才能读懂。

当我第一道啼哭声响彻在"妇产室"时，就表明：我的人生道路开始了。幼时的日子里，父母的轮廓在我脑海中，很模糊，因为他们长年在外地工作。五岁那年，一位身材圆润，拥有一双小眼睛的阿姨微笑着对我说："孩子……我是你妈妈呀？不认识了？妈妈带你回家咯！"那时一直渴望父母回来的我，内心却生出了怯意。我瞟了一眼在一旁沉默不语的奶奶，便将目光锁定在那张仍旧在微笑的脸庞上，始终看不清她是要对我真情实意，还是虚情假意——这是我人生中的第一次迷茫。

六岁那年，我已与父母建立的信任的桥梁。一次老师上课时，布置了一个小任务："小朋友们，回家问问爸爸妈妈，你们是怎么来到这个世界的？好吗？"小小的人儿们大声地回答："好！"回家的途中，我暗想：我是怎么来到这个世界的啊？是广寒宫中的嫦娥姐姐把我扔下来的吗？我是修行多年才成精的兔子吗？难道我与孙大圣一样，从石头里蹦出来的……这些属于孩童的幻想，被妈妈的一句话无情的打碎："你呀！是我和你爸爸从垃圾堆里捡回来的！"母亲严肃地对我说。其实直至现在，我才懂得，母亲的"严肃"只是因强憋笑容，而导致的面部僵硬。但那时的我，一直很相信父母的话，所以在听完母亲的话之后，不禁质疑，大呼道："怎么可能？你们骗我的对不对？"我努力想从他们的脸上看出些端倪，却一无所获——这是我人生中的，第二次迷茫。

十一岁那年，我与父母的感情有了些许淡化。记得你那次成绩公布下来后，我懵了，呆呆地望着他，脑中一片空白，因为我没有想到自己会退步那么多。我很想修改成绩，但父母对我多年以来的良好教育让我不要撒谎。随之，我毅然决然地回到家中，将"成绩报告单"交给父母。不出所料，自己被母亲狠狠地打了一顿，而父亲，则在一旁对我说教。都说眼睛是人类产生情感的始源地，于是我噙着眼泪努力寻找他们的眼睛，我分明看见了，愤怒之余，更多的，是心疼！

……

随着年龄的增长，曾经的迷茫逐渐被成熟的思想所化解，不变的只是我渐渐读懂父母的"苦心"。

时光的忧伤

范 婷

曾经,我们在时光的洗礼中渐渐长大,我努力想要读懂时光的流淌。

——题记

夜幕降临,一颗流星快速的撕破天幕,在天空中勾勒出一条弧线,昭告世人它曾经的灿烂。

我的故事也如流星一般一键快进。

经年之后,我长大了,可是妈妈,你老了,老的连下楼都颤颤巍巍,老的连叹息都吐字不清,这都是时光老人的杰作啊。

生活让我们渐行渐远,我们犹如两条直线,从很久之前的一个交点之后,我们再不相见,而那曾经的交点就是我长大之前的岁月啊!童年时的我是多么的依赖你温暖的怀抱，后来却又拼了命地想要挣脱你的束缚，然后无力支配我的你只好站在原地，看着我拼命地继续奔跑，离你远去！直到身心俱疲，我才停下忙乱的脚步，茫然无措的回头，拼命地呼喊你，一遍又一遍！而你，在时间的那头，我看不见！我想，你可能还在焦急的翘首以待，可能是轻轻地闭目回想，也可能是朝着时光的末流走去，直到消失。

翻开你年轻时的照片，那时的你正值风华，花朵一般，是的，是那无情的岁月让你老去。你已然走过一万三千多个日子，它们就像时光里的小水滴，无声，无影，只有一圈涟漪。

时光啊，你太匆匆！

总在某些不经意的瞬间，心里泛起一抹小清新，忽然想起朱自清的《匆匆》。时间流逝，闭上眼，沉思，我仿佛对时光有了一丝懵懵懂懂的顿悟。

我们都厌恶时光的流逝，有时，却又觉得读懂时光未必是一种忧伤，最起码，我们不会固执于一些无关紧要的琐事。

起身，然后落座，我年岁又长。再次感叹时光匆匆时，却没了从前的感伤，更多的是释然。其实读懂时光是次要，重要的是我知道了要好好珍惜时光。于是我开始与时间赛跑，生活的节奏越来越快，快得让我放下肩上那么多的负担。胸中曾有的千千心结，宛如桃花错落于湖面，落下，散开，是满湖的烟雨芬芳。

我又想起你了！妈妈！

时光如刀，在你的脸上刻下一道道皱纹。转念一想，也多亏了时光老人，让我长大，明白了正是你疲惫的身影，才串起了我成长的每一天每一点。

在某一个宁静的夜晚，没了乱年的纷扰，没了尘世的喧嚣，任他扉页枯黄，我一定还在努力地尝试着读懂时光，无论读懂与否，我都知道了，妈妈，你爱我！

妈妈！我也爱你啊！永远！

我 的 梦

陶佳悦

别只专注于脚下,抬起头吧。当你看见远方的鸟儿时,你便想奔跑了!

——题记

我望眼欲穿,只为寻找一份肯定!

人生之路上我只好无止境地走着。

可是朋友,你可曾感受过那傀儡般的滋味?我也不知道自己在追求着什么。但在一片池塘面前,我停下了脚步。因为那池中的莲花洁白耀眼,让人无法移动视线,自信仿佛是它与生俱来的。阳光似乎也偏了心,都集中在它身上。万物托起的珍贵,想必也是完美的吧?当我臣服于它的夺目时,忽然想到它是在淤泥中生出!原来它一声不吭,在暗无天日的泥下默默努力,渐渐延伸出美,梦想也就轻而易举地实现了！它的美惊羡了鱼儿，也证明了自己。许久，我才缓过神来，原来我早已把自己当成它的一员了。然而，我还没有资格。也许这就是一种肯定，期待着与它媲美的时候。

我侧耳倾听，只为受到一句鼓舞。

我的梦想可能没有色彩，可能布满荆棘，但我都不愿放弃，因为坚信。我怀揣着一份小小的心意，希望抵达彼岸。我却发现了不可能——我的脚下踩着许多野草！它们被压弯后又迅速挺拔起来，仿佛不甘于自己被无视的命运。而青草只生活在春的温暖与夏的激情中，比其他小小野草要享受得多。对于青草我会说可爱！但对于风吹雨打中立起来的野草，我要说感谢！它们让我明白：你无法阻止别人的光鲜亮丽，所以更要坚持自己的绚丽多彩！我愿意做一株野草，然后在惊讶与佩服中再谦虚躬身。

不禁想起泰戈尔先生的一句真言：如果错过太阳时你流了泪，那么你也要错过群星了！也许这些都是鼓舞，足以使我坦然前行。

朋友啊，请明白梦想总是在不经意中产生，也在不经意中实现。读懂了它，便更加的坚定。

我爱过年

朱梦婷

如果有人问我,最喜爱的节日是哪个?我会毫不犹豫地说出:"我爱春节!"

我爱春节,爱它的忙碌。"腊月二十四,掸尘扫房子",这是我们江南每逢过年惯有的习俗。这一天,我们一家人早早起床,开始一天的掸尘行动了:我和父亲负责扫地、拖地、擦窗、掸尘;母亲能干,所以她的任务最重,她要把家里的所有被褥、窗帘洗干净。我们一边忙碌着,一边还听父亲絮叨着"陈年往事",父亲告诉我,以前农村烧大灶,掸尘这一天,还得爬上屋顶,用一根竹竿,前端绑上草把,把烟囱捅一捅。听到这些,我和母亲直笑他"老土"。一天的忙碌终于结束,到了晚上,躺在被窝里,看着洁净的居室,闻着被子散发出的阵阵浆香,隐约感觉到,"年"就在眼前。

我爱春节，爱它的充足。按农村的习俗，腊月二十五就开始置办年货了。一大早，我们一家人去逛集市，一路的街景，早已写满了节日的符号，我们的购物热情似乎也被点燃了。母亲笑着问我想吃些什么，我毫不吝啬地将我的所爱一一报给了母亲。到了集市上，早已是人山人海，人们把街道围了个水泄不通。我们挤在人流里，母亲掏出她的记录本，我们对照上面一一购买。一通忙碌，我们每人手里大大小小的方便袋，早已提不下，母亲似乎还意犹未尽，恨不得把整个集市都买回家。带着满足感，成就感，我们一路欢笑着踏上了归程。

　　我爱春节，爱它的热闹。最期盼的还是除夕这一天，这一天家里要做年夜饭了，父亲起早就在厨房里忙碌了，今天他掌勺。而我和母亲则在一旁贴春联，挂灯笼，那红彤彤的灯笼挂在门口，喜庆立马就出来了。忙完了这些，我觉得实在无事可做，就从家里偷偷地拿出爆竹，去找邻家的孩子玩。把爆竹点上，迅速躲到一边，用手捂住耳朵，一声脆响，那声音如同铃铛般，绚烂的色彩又如同是天女散花。玩得累了，便又闻到了饭菜香，我以闪电般的速度跑回家中，哇！一桌子的菜！母亲唤我坐到桌边，父亲点上香烟，准备去放爆竹，一番惊天动地的巨响后，等父亲进来，迅速把门关上，我们的年夜饭开始啦……

　　过年是甜甜的，香香的记忆，让人回味无穷，这种感觉深埋在我的记忆里。

　　我爱春节！

中秋之念

陶雨卉

从小便爱画月亮,为什么?大抵是因为十分简单呗。

在白纸上随意画一个圈,提上几个龙飞凤舞的大字"明月几时有",大功告成!

后来,我喜爱月亮,这和中秋有很大的关系。

八月十五需赏月,而承载着团圆之意的月饼自然少不了。说到月饼,那可是我的最爱哦。据史料记载:早在三千年前的殷周时代,民间便有了为纪念太师闻仲的"太师饼",果真"美味自民间"啊!不过想来那时的月饼味道定是不大好。

若是我跨越时空穿越到古代,吃月饼定要选到汉代。西汉张骞先生,不辞辛劳往西域跑了几趟,引入了胡桃、芝麻,让中国出现了以胡桃仁为馅的圆形的"胡饼"("糊饼"这名字真难听)但馅的品质的改进,月饼应该好吃多了吧。可这时的"胡饼"真是与月亮一点也沾不到边。

直到明代的《西湖游览志余》才有记载:"八月十五日谓之中秋,民间以月饼相遗"。现在月饼的花样更是多!每逢中秋,叔叔、阿姨、姑父等的月饼就送到外婆家了,五仁的,豆沙的、蛋黄的……味道都是十足的好,让我这常驻外婆家的馋虫,能高兴地吃上好多天。

幼时,只知八月十五是个节日,有美味,有月饼,至于有多重要,没想过,大抵是十分重要的。随着年龄的渐长,才知道它是一个团圆的日子。这一天,半年未归的父亲,总会抽时间回来看着我。

读苏轼的《明月几时有》,更增添了我对每年中秋的期盼,我盼望父亲归来时,带个我们全家的温暖。

再提笔画月亮,不再感到那么简单,也不是那么随意了。似乎简单的一个圆圈,也瞬时变得凝重了起来。

明月—月饼—团圆,我终于在三者之间找到了契合点!

团圆,真好!那些半年未见的人儿,在其日相见,对着那一轮明月,倾诉离别之苦,共话团聚之乐。

团圆,甚好!

初悟星空

陶 琦

  轻盈地脚步踏上河堤,绵延到天际的是油油簇簇的荷叶,烂漫其间,散着初夏的味道。

  大概是过了一个时代,我幼时美好的回忆都成了无趣,聊天时心中总会有淡淡的苦涩。夏日的生活变成了在空调房里写作业,玩电脑。偶尔开启电视也没有童年的欣喜。

  脊背再无炙烧的感觉,手间也没有炙热的水。

  夜光探出脑袋,轻柔的光辉凝成一朵又一朵白莲花。双脚驱使着我来到院子,抬头仰望星空。

  回忆像天上片片繁星,从不被时间忘却。

  一颗星星,一段回忆。数不甚数的回忆片段在我眼前播放,如同电影。但却没有电影那般不切实际。它是铭刻在我心的。

星空依旧那么璀璨，清风依旧那么柔软。只是我的甚或变得一团糟，如同麻一样让人揪心。

偏科的挫折，如同滔滔江水般向我涌来。重重地击打着我琉璃般的心。现在的我就如一株懦弱的小草，没有勇气面对生活的暴风雨。

更让人郁闷的是我与朋友也闹僵了，事事不尽如人意。

各种打击，只让柔弱的我变得更加手足无措。简直像是被困狼群的羊羔，无力回天。

顷刻间，两股脑力相互撞击，我不知向着哪一边。

抬头，繁星中的一颗小星不甘生着那么小，点亮自己，成为繁星中最亮的一颗——北极星。我为什么不能像它一样呢？

星空之下，我明白了：人生是洁白的画纸，我们每个人就是手握各色画笔的画师，任由你用丰富的色彩描绘。

蓝天下便是阳光，艰苦后便是甘甜，失败了就当经验，成功时便是灿烂。

雨 停 了

沈 妍

晚上，独自坐在阳台上，望着漆黑的天空，嗅着阳台上奶茶浓郁的奶香，忽然天空飘起了绵绵细雨，密集的雨点把我带入一段段遐想之中。

小的时候父母都很忙碌，把我一个人留在奶奶家。爷爷已经去世，奶奶一个人住在小平房里。奶奶有一头利落的短发，掺杂了几根银丝，一双灵巧的手因日积月累的操劳变得十分粗糙，脸庞上有着些许皱纹，但依稀可以看出年轻时的美。

一天半夜我昏昏沉沉的从睡梦中醒来，依然发现奶奶在灯光下拿着绣花针缝制棉鞋，鞋的码一定是我的，我猜她此时心里一定想着："这可是我宝贝孙女的鞋，可得缝仔细了。"柔和的灯光照在奶奶的脸上，十分慈祥。

一次妈妈买了套新衣服给我，一大早我就穿着新衣服去找村里的小伙伴们躲猫猫，玩得开心时一不留神就划到了玻璃碎片上，裤子划了一道细长的口子，我吓坏了。中午快到了，小伙伴们都回家了，只剩下我一个人，心存侥幸的想："奶奶应该不会打我吧？最多骂几句就好了，可又想怎么会不打呢？你可是把新裤子划成了这样啊！"我怀着忐忑不安的心情躲到了一片小树林里，奶奶看都到中午了我还没有回去，就挨家挨户地找，找遍了全村也没有找到，一直到下午一两点才终于找到了我，奶奶一见我就把我抱住，嘴里还念叨着："我的小祖宗啊！你要是出了什么事，可怎么办啊？天塌下来也要回家啊？"我吞吞吐吐地说："我……我把……把裤子划……划破了，所以才不……不敢回家的。"那声音如蚊蝇般细小，可奶奶还是听到了，说："衣服破了是小事，安全才是大事啊！"

几年后，因为学业的关系我回到家，奶奶也搬去叔叔家。我和奶奶在一起的时间渐渐少了，有时只有逢年过节才可以见上一面。

一直到我上初中，奶奶才从叔叔家搬回我家。"奶奶终于回来了！"妈妈告诉我："叔叔婶婶都很忙，奶奶年纪大了，没人照顾不行，这几年我在家一直忙你一个人，所以把奶奶接过来一起住。"听到妈妈说完，我心里窃喜，想着："奶奶应该会在我家一直住下去，这样我和奶奶又能在一起了。"

恍惚间，雨停了，月亮从云丛中露出了笑脸，一切都显得那么美好，此刻我的心也变得暖融融的……

平凡中的发现

平凡中的发现

李倩柔

雨水滴在她的外套,水珠滑过她的发梢,她却并不为所动,依旧将伞挪向左边。她穿着一袭长裙,一件牛仔外套,头发随意披在她的双肩,身上独有的香气,不禁使人想停在她的身旁。

旁边的小男孩儿应该是她的儿子,很顽皮。一会儿问妈妈:"妈妈,天为什么是蓝的啊?""因为大海是蓝色的,所以就把天空映射成蓝色的。""哦,那么为什么草是绿的呢?""因为,小草把所有其他的颜色都吸进去了,只留下了绿色了。""哦!"

男孩儿似懂非懂地听着妈妈讲,也许他不能完全理解,但是在他小小的脑袋瓜里却记住了妈妈的这些话。妈妈微笑时,又用纤细的手指将耳边的头发梳理整齐。

雨下得很大,妈妈手中的伞不免有些不稳,儿子爱动,雨水总是能淋到他。于是,妈妈便将伞向儿子那边挪了挪。看到妈妈的动作,儿子又将伞推了回去,仰起头说:"妈妈,您把伞移到这边来,您被淋湿了怎么办啊?"妈妈满脸欣慰地说,"没事啊,妈妈的外套有魔力,水淋不湿的。"说着又把伞挪了回去。"哦,是吗?好厉害呀,我也要!"男孩儿用稚嫩的话语赞道。"好,等会儿去啊!"妈妈用温柔的话语答道。

这时的我,心里不禁暗自偷笑,为妈妈的举动有些感动。

儿子总是问一个问题,妈妈回答一个问题。遇到自己不知道的,她也总是努力想想后,跟儿子说:"妈妈也不知道。"

我想起自己与母亲之间的谈话,不是我嫌她烦,就是她不耐烦,敷衍的回答使我不满,最后竟很少聊天。

我的目光再次停留在妈妈湿漉漉的右侧,她的妆容已经有些淡了,但我觉得那一丝雨水和她沁人的微笑,淡雅的香气更显得楚楚动人,清新脱俗。

过了几天,我又在一条喧嚣的街道上遇见了她。她依旧是一袭长裙,双肩短发。在我的眼中,她愈发优雅,在人群中,成了一道格外显眼的风景。

在翕然的世界中,总有一人使我不能忘怀。

平凡而又美妙的生活中,总能发现许多美的事物和人。

熟悉的美丽

候在俊

红日初升,美好的一天开始。

我在小镇的石桥前停下脚步,看着路边熟悉的一切。

今天放假,难得有空,携一腔悠闲看熟悉的街道,看熟悉的路人,一切都是那么的亲切,温暖而舒适。

早起的鸟儿有虫吃,晨曦微露时,便有人开始忙着各自事情了。几个姑嫂拎着水桶相约去河边浣洗,一个行色匆匆的人拉着皮箱着急的赶去站台,祖辈的人更是闲不住的,早起便忙忙碌碌,中午有这样的活,晚上有那样的活,一直不懂他们为何总有干不完的事?虽是辛苦,他们却从未抱怨,反而露出了开心的笑容,这笑是真实的、充实的,满满的是生活的味道。

三三两两的汽车从身边驶过,急急的汽笛声不时传入行人的耳朵,却没有人心生厌倦。小镇上人们的脸永远是宽容的微笑,他们和我的父亲一样,起早贪黑、不辞辛苦,都是为了自己的家人能过得更快乐、更舒心。

时间飞逝,溪流一般,太阳渐渐爬高,路上的人渐渐多了。大大小小的学生们也登上了这一场舞台剧,他们背着花花绿绿的书包,有的步行,有的骑车,三五成群的奔往他们学习的圣地——学校,虽听不见他们一路在聊什么,但是看见他们开怀大笑,笑得那么单纯,童真童趣溢于言表。

小镇上如一幅"清明上河图",温暖上演着,剧中的人物随着生活的节拍——登场。

我是一个观众,安静的观看剧中人忙碌而本色的表演。

听得路边两个穿马甲的环卫工人扑哧而笑,回头,他们在看着我微笑,我忽然间明白,我也是小镇剧场的角色之一!正应了一句话道,你站在桥上看风景,看风景的人在楼上看你。

是的,该我出场了。

看看太阳的高度,我走上石桥,去往家的方向。推开门,爬满院墙的是蓝紫的牵牛花,今天的花笑得格外的欢。

好一幅小镇"清明上河图",每天都有诗意的美丽在温情上演!虽平凡,却美丽!

发现熟悉,何尝不是一种美丽啊!

邂逅护路天使

侯鹤敏

"那是一条神奇的天路,带我们走进人间天堂……"一曲《天路》,唱出多少人对铁路的感激。而今我们在感激铁路带给我们的便捷时,却最易忽略一群默默工作在那两根平行线边的人——护路工人。

每当我们看到满载去来的条条巨龙奔忙于铁轨上,抑或那些列车玻璃后一张张笑脸带着欣喜欣赏着窗外异乡的风景,还有可爱的孩子平稳地走在高速运行的动车内,如履平地一般,我们要知道,正是那些默默工作的护路工用他们的汗水浇筑着我们的平安之花。

那年暑假,我与父母乘火车去上海,车窗外的骄阳似火,车内酷热难耐。列车在一个江苏小镇的变道口前停下,我看到十几个护路工正在挥汗如雨的抢修着一排电缆与信号灯。他们争分夺秒的拆线、检修并调试着信号灯,纵然一个个大汗淋漓，此时好像也无暇顾及！一心只为列车尽快通行！

也许是紧急抢修，还有一群工人沿线赶来，一路奔走在硌脚的石子路上，从列车窗边匆匆而过，仿佛就是故事里说的伏尔加河上的纤夫一般，黝黑的皮肤，湿透的衣衫，一个个如同流动的雕塑！爸爸告诉我，有了他们的辛勤劳作，确保铁路沿线的信号通畅，才能保证火车的安全运行。

经过几十分钟的抢修，随着一声悠远的鸣笛，列车缓缓驶出小镇，车内一片欢呼！汗如雨下的他们站在铁道边，一个个笑意盎然地向我们挥手致意！车内的人们也大声致谢、报以真诚的微笑！那一刻，世界是那么的和谐与美好！

回头看，他们也踏上归程，一路上用手中的工具敲击着铁轨，发出清脆悦耳的叮叮当当，余音悠远，袅袅长长。

渐行渐远，我听见他们竟快乐地喊起了号子！多么快乐的劳动者！这是生活中的最强音！

我想，也许这一条条绵延无尽的平行线就是他们的五线谱，那叮叮当当便是他们用汗水谱写出的最动人的曲子吧！

要知道，世间有多少如护路工人那般默默奉献的人，才有了平凡的我们更便捷、更美好的生活，也便有了世间一道道默契而和谐的风景线！

美丽，就在身边

张梦婷

每个人，都如同天上的星星，在自己的位置上，散发着光芒。尽管，自己很渺小。

——题记

夜幕降临，天空中，繁星点点，似乎想诉说着什么。

托着腮，看窗外的灯火阑珊，皎皎月光映双瞳，幕影斑驳流水苍茫。手中的笔，却从未停下过，在书卷上写着属于自己的文字。密密麻麻的字铺在纸上，稍稍站起，已经发觉腿有点儿麻木。

独自一人走走也罢，冷风凉，繁花藏，风习袅袅，飞檐亭角清铃响。这，大概就是我的平凡吧！

丹枫秋意，水吟吟，枫叶红，丝丝入扣。

拾起一片被水包裹住的枫叶，不经意，便沾湿了衣角,裙袂也带有淡淡的泥土气息。细细的数着纹理,岁月变迁,沧海桑田,全部都在里面。仔细地想想,自己的初中生活,有过笑,有过泪。这是最后一年在一起的日子。珍惜,也许我曾不懂得,但现在却明白了珍惜为何物落花不复人憔悴,寒衣偏偏舞纷飞。

秋风萧瑟,月皎皎,坐看云起。

风萧萧,锦瑟年华。秋风吹起地上的叶,卷走了空中的残云。身上不禁打了个寒战。秋风扫落叶,也卷落了我一帐愁。想想,现在的我,生活在平凡的世界中,却已经是十分的满足。我们生活在大的世界中,我们在重复着每天的生活,很多人认为,那样的生活枯燥乏味,但我却不这么认为,只有做得更好,才对得起昨天的自己。花开花落人断殇,疏影暗香离歌唱。

暮雨点微,叶簇簇,群芳幽落。

细雨绵绵,不禁让人披上一件浅浅的夹袄。有人说,细雨似水,而此时却让人感到阵阵寒意。撑一把纸伞,坐在凉亭中,不知为何,一阵失落便涌入。还是拿起手边的书吧,雨轻轻地击打着书,仿佛在问我惆怅什么。我也不知这是为何,总会触景生情,也许,这就是平凡的我吧!寒雨连落沉香闭,沂水一景人生情。

平凡,就是这样吧。不管是枫红、凉风、秋雨、还是其他,平凡,皆在我们身边。

写给你的一封信

金璐妍

亲爱的你：

还记得我吗？据说，上帝在造人的时候会给每个人一个守护他的天使，这个天使在你迷失自我时，会化作你身边的某个人来到你的身边，守护你。

这个人或许是你的朋友，你的恋人，你的亲人……然后的某一天，当它觉得你已经不再需要它的时候，它就会悄无声息地离开。

分别那天，斑驳的树影洒落在你我的身上，我对你说"再见"。那天，路边的香樟树被夕阳染上了耀眼的橘红色，柔和的光线穿过叶子间的缝隙，在地上撒下一个又一个浅浅的光晕，那么样好似一幅浓淡相宜的剪影画。

我想以年少的姿态，继续着青春，剩下的则是那连绵不绝，首尾相应的香樟，诉说着那些曾经的秘密……为什么人总是失去了才懂得珍惜？

叶子的离开不是风的多情，也不是树的不挽留，而是生命的催促。

　　我想，我们的离别，是青春的不停留。

　　初中的我回到安徽，你还在原来的地方守望吗？

　　如果回忆有声音，你还在门外寻找淹没在人群里的我吗？每次我路过那个数字是3的教室时习惯性的在人潮里寻你的影子。

　　你还是一如既往地喜欢沉默吗？我认识了一个新的朋友，与你相仿，她也爱把前面那重重地刘海撩起来，连说话都与你差不多，这是命运的安排？

　　我很怀念从前的日子，你说我有苏东坡的豪情万丈，我说你有李太白的柔情似水，记得我离开云南时，收拾行囊，我们也曾学着大人的样子捧了一杯啤酒，要学古人那样开坛畅饮，对酒当歌！半杯未了，却醉倒在了门口。现在想来，总会被当时我们不太成熟的行为而逗笑，那时的我们总喜欢无忧无虑地躺在草地上望着蓝天，谈着未来。你说和我在一起的时候觉得时间太快，因为我们如此轻松，我又何尝不想时光能慢一点呢？

　　时光太快，从未记得等我，有时花开的声音里头，我听见了思念的哭泣，有你，有我！

　　我愿故人不散，我愿时光能缓……

　　祝你一切都好。

陪伴你六年的妍
2017年11月20日

那年，相逢在樱花树下

陶梦婷

我难忘樱花，不是那个遥远的岛国，而是武汉的外婆家。

都说武汉大学的樱花煞是美丽，我便慕名而去。

那年是初秋时分，我不由自主地寻着往樱花树下走，本以为可以看到仙境一般的美景，唤醒图画中的记忆。可眼前只不过是一片凄凉，我轻轻叹息，"可惜来得不是时候，怎能望见'仙境'呢？"我循着声音一看，是那时候的你。同这樱花树相比，你美若天仙，"樱花一般都在春天开放，一看你对这方面的知识就了解得不多吧！"你笑了，抿着嘴笑，脸上带两个小酒窝不经意地闪了闪，"我叫夏梦，你呢？""我？别人都叫我梦……"我结结巴巴的，还没说完，你打断我，"以后我们就是好朋友，我就叫你——嗯——小梦""嗯！"我用力点了点头。

单色的樱花树下,两个女孩靠在一块,天真地诉说自己陌生而又相同的故事。

今年,我又去了武汉,又照例往那熟悉的樱花树下走,我想那儿有我熟悉的人,熟悉的回忆。果然,樱花开了,粉白的一团云,如烟如雾,仿佛树下就站着仙使,神奇的霓裳在樱风中摆动,仿佛一片桃林,我想三生三世十里桃花,美丽也不过如此!

我快步走到树下,等待着。我们约好的相见,我是如此激动,可快到傍晚了,你还没来。"小姑娘,你等谁啊!"一位老人大声问,"老奶奶,我等一个叫'夏梦'的女孩儿,她就住在校园里的!""夏梦啊,她搬走了,她父亲去世了,母亲改嫁去了南方……"

老人还在絮絮叨叨地说着,这怎么像一出悲情的电视剧?我早已无心听下去了,用颤抖的声音道了谢,飞奔回去。耳边只有呼啸的风声,迎面扑来的是樱花碎瓣。

我难过,当初的盟誓现在已经洒落一地,洒在时间的水流里,被时间冲刷。是造化弄人?还是时光之错?虽不及电视里的海誓山盟与山崩地裂,我却难以忘记那时你笑盈盈的脸,那么美,那么真,真得就在我身边。

如今,我又再次想起你,我们都已长大,想念你,也想念逝去的那份淡淡的一面之缘,如果有缘,我想我们会相遇的。

今年假期,我又去樱花树下,还是那个熟悉的地方,一阵风过，樱花落满我的发梢。

夕阳照射在上面，母亲说我像一个仙女，我笑笑，闭上眼，还听得银铃般的谈笑声，那是那年樱花树下的回忆！

温　暖

陶　娟

时光匆匆，白驹过隙。

那些最珍贵的、最温暖的回忆将永远留在记忆里，永不消散。

家是一道港湾，你无论怎样，它都不会嫌弃你。

她依旧记得那些。

当年，她年少轻狂，正处叛逆期，一心只想自立。可无数次苦诉也得不到父母的同意。终于，有一天，她与父母中的"战争"爆发了。

她说："我想自立，我单独出去旅游！"

父亲说："你还太小了。"

就这样，"战争"愈演愈烈。

最后她被迫同意了。

她去了一个古镇，妈妈在给她收拾行李箱时说："到了给我打个电话，千万别忘了。对了……"她只是敷衍地点了点头。

当她坐上火车后，就已经把所有的事，都忘记了。

古镇有着不一样的风采，她如同一个刚出生的孩子一样，这里看看，那里瞧瞧。她很快便沉醉在这里。

等她回到旅馆，胃开始习惯性的疼起来，疼得她脸色苍白，浑身冷汗，不禁跪坐在地，等她醒来，天已经黑了，她突然想起来要给妈妈回电话，掏出手机。发现调成静音的手机上显示"56个未接来电"，而且全是妈妈打来的！

她回了个电话，"手机静音，没听见。"妈妈急忙说："别忘了要吃药！旅行包右侧的第一个口袋里有药！"她掏出药，用热水服了下去，胃暖和多了。

她拿着手机，躺在床上，和妈妈聊她小时候的事情。一种久违的熟悉扑面而来，不禁泪湿眼眶，但她不想让妈妈听见，所以她把头埋在枕头里，任泪水沾湿了枕头。

第二天，她看着古镇的天空，是那样的湛蓝，那样的晴朗。

第三天，她在心头默念道：妈妈，我长大了，我回来了！

岁月无痕，当我们蓦然回首，翻阅自己的心灵，总有一段段记忆在生命中留下深深的痕迹。

温暖你我的，有时是一句叮咛，有时是一个微笑，有时是一缕阳光，但最暖人心是父母的爱！

温暖一刻，沁入心田。

平凡中的美丽

王 娟

"我曾经跨过山和大海,也穿过人山人海,我曾经拥有着一切,转眼都飘散如烟,我曾经失落失望,失掉所有方向,直到看见平凡,才是唯一的答案……"

生在狭小的盆中,你不甘蜷缩,你把根伸向大地深处,吸取甜美的乳汁,你把生的气呼向宇宙的远方。

那一天,天空下起了倾盆大雨,我曾经想要把你搬进屋内,可你却怎么也不愿走不愿离开这盆,牢牢抓住了它,我无奈,可你却依然微笑着,像是在对自己鼓劲,你这种信念,让自己变得勇敢。

春天,是花的世界,许多五颜六色的花都争妍斗艳,可只有你用自己的嫩绿的枝叶来证明自己,将美丽的蝴蝶从你的头上飞过,你也曾掉过泪,泪水里的辛酸谁会懂,我本以为你会放弃你自己的信念,可我没有想到你在黑暗中为自己鼓劲，你坚信着自己一定可以开出美丽的花儿。

夏天，炎热的太阳照射着大地，许多花儿都已经经不住这炎热考验，可只有你没有倒下，仍然抬着头，为自己鼓劲。柳条梳打着你的脸庞，阳光下的你，显得更美丽。你努力地去想要证明自己，从不轻言放弃。

秋天，当所有的万紫千红不再了，花园中的最后一朵花也经不住这严酷的考验，可只有你做到了，从里面最平凡的一个变成了最靓丽的花朵，你把那飞远的蝴蝶给召唤了回来，告诉他们你也可以开出最美丽的花。那么灿烂就好像是童话里的白雪公主，就好像自己心中的希望在不翔着！我震撼了，风雨中的冷黑夜里的寂寞和害怕，你都经历过，在这美丽的天空里下开出了最美丽的花朵。

然而将毕业的我们又有谁不在为自己心中那一份誓而鼓劲呢？转眼流年偷换，转眼便将离去。我们的过去的足迹会将写成一首诗，一道风景，一句格言。

平凡中的发现原来是这么的美丽，虽然平凡却美丽，让生活更精彩！

平凡中的爱

周　缘

　　爱就是时刻萦绕在你身边的暖暖阳光，那样平凡，那样真实。

　　　　　　　　　　——题记

　　细细品味母亲对我的好，不是轰轰烈烈，不似万马奔腾，却在平淡的生活中，用那平凡的小事，孕育出一点点的感动，却发现其中的美，其中的爱，其中的真。

　　"妈，我去辅导班上课了。""天气预报说今天可能会下雨，你记得把雨伞带了。""妈您能抬头瞧瞧这天吗？晴空万里，会下雨吗？不会。""可天气预报说了今天可能会下雨。""可能，可能，不是一定，老妈，您多虑了。"不等妈妈继续唠叨，我就不耐烦地打断了妈妈的话，推门而出。

午后，天空便乌云滚滚，狂风大作，天空中还不时出现一道道刺眼的光芒——闪电，紧跟在其后的便是那轰的一声巨响——雷声。这时的我真的是欲哭无泪啊，后悔自己为什么没有听妈妈的好言相劝，把雨伞带了。哎，真是应了那句老古话："不听老人言，吃亏在眼前。"

"丁零零"下课了。而伴随那下课铃声的便是那如同豆大的雨点，啪啪的落在地上。眼前，已经放学了。带了伞的同学撑起那把我现在渴慕的雨伞回家了，没带伞的同学也陆陆续续地被家长接回那温暖的家了。

眼看，班上只有四个同学了，三个同学了，两个同学了，一个同学了。哦不，在这个庞大的教室里只剩下孤零零的我了。

我忐忑不安的等待着妈妈，心想：我该怎么办？妈妈什么时候来接我？妈妈会不会淋到雨？妈妈会不会不来接我了？

正在我胡思乱想的时候，只听见有人叫了一声我的名字。我抬头一看，是妈妈。只见妈妈穿着雨衣，手里还挽着一件雨衣，显然是给我的。妈妈真细心，还给我带来一件大衣，为了不让大衣淋着雨，妈妈用雨衣包着大衣，但自己却淋湿了。妈妈顶着冰冷的风雨，艰难地向我走来。我只感觉脸上有什么东西轻轻滑过，冰冰的，凉凉的，流入我的口中，咸咸的，分不清是雨水还是泪水。"傻丫头，叫你带伞你不听，现在后悔了吧。哎呀，手怎么这么冰,赶紧把大衣穿上。"我接过大衣,这才注意到妈妈的手被冻的紫红紫红的,连手套也没带,脸也被风吹的红红的,岁月的痕迹已经爬上了妈妈的额头,我的眼泪再一次止不住地流了下来。

那场雨,让我明白了深深地母爱;那场雨,让我在平凡的小事里体验到了爱的真谛;那场雨,让我一下子成长了许多。细细品味母亲对我的爱,在平淡的生活中,用平凡的小事,孕育出一点一点的感动,在平凡中我有了新的发现,那就是平凡的爱。

选 择

陶欣甜

多给自己一个选择,选择自己要走的路,选择自己想选的选项。

给自己一个选择,选择自己的朋友。朋友对一个人的影响很大,我们的言谈举止、兴趣爱好甚至性格,都或多或少地受到朋友的影响。与乐观开朗的朋友相处,我们会变得豁达;与乐于助人的朋友相处,我们会变得富有爱心,朋友也是最好的倾诉者,选择一个正确的朋友,会使我们受益匪浅。

给自己一个选择,选择自己的梦想。一个人的梦想,决定了他努力的方向,甚至会影响他未来的职业,梦想是对未来美好生活的一种企盼,它能不断激发我们的潜能和对生活的勇气,有梦想,就有希望,有希望就要去努力,选择一个正确的,自己喜欢的梦想,会直接影响到我们的人生。

　　给自己一个选择，选择自己的性格。一个人的性格决定了他的社交关系，开朗的人会有很好的人缘，而斤斤计较的人就不会受到大家的欢迎，努力做更好的自己，扬长避短，寻找自己的才华，正确认识自己，努力做更好的自己，需要主动改正自己的缺点，这需要勇气，智慧与毅力，不断激发自己的潜能，选择一个好的性格，会决定你在人生的道路上是否孤单，是否有更多的朋友相伴。

　　给自己一个选择，选择自己的态度。对学习的态度，对生活的态度，你对学习是否认真刻苦？是否做到了不愧对自己？你对生活是否热爱？是否体验到了充实，友善的生活？是否真诚对待每一位在乎你的人？是否能对他们多一分宽容，少一丝冷漠？这些看似并不重要的事，却一点一点构建成现在的你。

　　你的人生，是想要安安稳稳，找一份稳定的工作，还是想要满是不确定因素，却依旧充满激情与乐观的人生？

　　我想，这一切都应该由我们自己来选择。

　　在人生的每一个路口，正确选择属于自己的方向，去往那更美的人生。

挫折是什么

陶国荣

挫折是什么？

失败说：挫折是成长路上一座永远无法逾越的高山。

懦弱说：挫折是成长路上的拦路虎，你永远不可能战胜它，甚至自己会遍体鳞伤。

沮丧说：挫折是被击倒后的眩晕，让你丢失信心，让你迷失方向。

站在选择命运的十字路口，望着通往未来的道路，我害怕了。

在犹豫间，我似乎听到双耳失聪的贝多芬说："要在挫折面前扼住命运的咽喉，挫折会使你更自信。"

莫言说："没有播种，何来收获；没有辛苦，何来成功；没有磨难，何来荣耀；没有挫折；何来辉煌。"

鲁迅说："我觉得坦途在前，人又何必因为一点小障碍而不走路呢?"

在命运的分岔路口,我走了信心,坚定地走向那条遍布荆棘的崎岖险路。

是啊!不能逃避挫折,只有经历过挫折我们才变得更坚强,自信。我们才有奋斗的目标,我们才能在逆境中成长。

不经历风雨怎能见彩虹?雏鹰只有经历了无数次风雨的洗礼,才能拥有强壮的羽翼去尽情翱翔。年轻的我们,只有经历了无数次的挫折,才能真的长大。

挫折是什么?

成功说:挫折是山,只有翻过它,你才能见到更广阔的天地。

勇敢说:挫折是虎,拿出你的勇气,战胜它,你就是勇士,你就是千古留名的英雄。

坚强说:挫折是失败后的良药,它能激励你不断奋斗,在哪里跌倒就在哪里爬起。

挫折是弱者的毒药,是强者的养料。在挫折面前,我们要选择他积极的一面,选择勇敢,选择坚强,选择迎难而上,创造属于我们的奇迹和辉煌!

只为遇见

陶　琦

深夜,读一本书。读至深处,也静默,也沉思,也泪流。其实是欢喜的,是一个人的独自欢喜,很纯粹;是车水马龙,喧嚣纷扰后,心灵的释放;是在文字里,心平气和地和自己相处;是一个人翻看旧物时的淡然,静静体味生活的美好。

多愁善感的我。

我想,被命运选中去做那个多愁善感的人是一种幸运,偶去伤春,偶去悲秋,以最纤微的触角去感知这个世界,在一片树叶和一个词语上百感交集……虽然这全无用处,可是如果重来,即便百般诱惑,我最终仍会选择成为这样的我。

在秋风中随意飘零的小红花,花瓣雨常常被当作电视剧中最浪漫的桥段。而当我真的置身其中,心中只有无尽的怜惜与茫然，这些细弱的小红花纷纷坠落，细细碎碎的铺满一地，最终，只是被保洁阿姨扫成一堆，倒入垃圾桶内。

冷静沉思的我。

风声雨声，伴着我执书默念，这样的声籁相融，的确无比美妙怡人，犹如身临一场飞花之林。至初三，每每恰逢这时候，我总是将头轻靠窗户，静静地倾听这自然之声。

作业的繁多和学习的压力让我透不过气来，也只有在这样的夜晚，我能静下忙碌的心，跟随雨滴的脚步，深入心田，沉思自己的得与失。

在这条河流中，我仍在寻觅着属于我的钥匙，只为遇见另一个自己。

她告诉了我

张晓兰

假如我遇见了另一个自己，我会困惑，我会观察另一个自己在干什么，会是什么性格。

用旁观者的角度看待自己，也许我也会评价自己的做法，这真的不可思议，很奇妙，我想我会很乐意遇见。

初　见

那天，我独自行走，闻着透有泥土芳香的青草气息，仅仅在一瞬间的回眸，却遇见了我一生难忘的人：另一个自己。我并不会后悔我的一个回眸，我只会惊奇，会忍不住去探索，那位与我极其相似的人，也许我会幻想着会不会是我的姐妹，可这是完全不可能的事，凭借我出色的幻想与脑补能力，我震惊了，我竟然遇见了她，和自己完全一样的另一个自己,这时她的视线却与我交错,那惊鸿一瞥却引出了渊源。

探　索

她就这样走了,我却悄悄地跟了上去,很好笑,这并不符合我的风格。可我确实这样做了,我很庆幸我这样做了,因为我想以旁观者的角度去看透自己,我其实并不明白,我自己连自己都看不透,我无法理解为何会这样做,可我就这样做了,我还很惊奇地发现周围的人根本就看不见我,我也摸不着任何东西,这让我很疑惑,但这并没影响我要去探索的心,我就是我自己可我却感受不到自己的想法,自己并不懂我,就像一个矛盾一样。

最　后

我跟随着她的脚步,看着她,观察着她,我忽然发现,很多时候,与人相处、为人处世,自己都略显幼稚,有待改进,如同小孩子一样。有时会很深沉,很复杂,在这个世界,我与这个世界格格不入,另一个自己是我吗?还是与我的世界相平行的,我不懂为何我会遇见,但我十分清楚这会使我改变,即使是一件很不可思议的事。

是的,遇见另一个自己,她让我发现了自己的不足。

是她告诉了我,成长,还在路上。

生命是一场遇见

顾先翠

> 生命是一场遇见,人来人往,最稀罕的是遇见另一个自己。
>
> ——题记

有种相遇不是在路上,而是在心里。

有些人,无须相识,却能通过一个动作,一个眼神,一句话明白彼此的心情,即使隔了一张屏,一张纸,一本书,却知了对方心中所想所说的,因为懂,所以放心地把背后交由你守护;因为懂,所以无须多余的语言就已熟识对方;因为懂,所以无论是悲是快乐都可以给予自己鼓励。

她,就是走进内心深处的人。

她无须言语,她从你的字间懂得快乐,从动作中懂得伤心，从神态中懂得欢乐。她懂，是的，她什么都懂，了解我，就像了解她自己一样简单。就如玄幻小说中的"生死契约"从内心知道你的心情，你心中所想的，她就像和我签订了这契约，懂我！

就像在平行世界中的另一个我。

她懂，无须多余语言，无须刻意提意，仿佛只需笑一笑，就懂。就像无论时间过得多快，青春消失多久，她都会默默相伴，直至死亡一般，有点像什么人说的"执手之子，与子偕老"。在不同的世界与之长久，相互懂得，了解，熟知。

生命是一场遇见，人来人往，最稀罕的是遇见另一个自己。

遇　见

陈　云

"女儿啊！别玩了！去，把我给你布置的作业做完！"妈妈生气地说。

"可是我是做完了才玩的啊！"

"你作业写完了你就不能去看看书啊！怎么一点都不自觉呢！非要我来盯着你！"

"要是有另一个我来代替我，那该有多好啊！"我边做作业边想着。

忽然，一道白光闪到，我看见一个人向我走来。直到白光消失，我才反应过来——那个人竟然长得和我一模一样，连声音都没有区别。

我怀着好奇和疑问的态度问："你是谁啊？"

"不是你召唤我来的吗？我是你心中的另一个自己啊！"她耸了耸肩，好像对我看见她的反应一点都不吃惊。

"哦，既然这样，你替我写作业吧！"我说完就走到一边看漫画去了。

"唉，你会后悔的。"她摇了摇头就去帮我写作业了。

第二天一大早，妈妈喊我起床去上学。我又召唤她并对她说："我今天不想去上学，你替我去吧！"她也没说什么就走了，而我还在睡懒觉。不一会儿，我就被饿醒了，饥肠辘辘的我偷偷下楼去找吃的。看见了妈妈在对她说："孩子啊，天冷了，别冻着，来，披件外套！我今天晚上要加班，你一个人在家小心啊！……"我心中好像突然有了什么感触，但是这种感触很快就消失了。

很快，一天过去了，放学了，她回来拉着我的手，激动地说："你知道吗？我今天考了100分！老师夸奖我了呢！"我简单地发了一个单音"哦"就去看书了。

一天又一天，她现在都不用我召唤了，她的成功代替了属于我的一切。

我只能好好地找她谈谈："你可以走了！"

"为什么？不是你希望我来的吗？"

"我不想了，你能把属于我的一切还给我吗？"

"不行！"她斩钉截铁地说完就走了，只留下了我在原地一直发呆。

晚上，妈妈回来了！我想比她先见到妈妈就狂奔过来。突然发现自己来晚了,我只好默默地回去。

印象中,我下楼的时候好像脚扭了一下,就从楼梯上摔了下来!我醒来时已经是黄昏了,看见妈妈睡在了椅子上!而她不知去向。

我又想起了她说过的一句话——

你会后悔的!

让我悄悄告诉你

许羽彤

夜深人静，万家灯火已熄，我躺在床上，辗转反侧。闭上双眼，梦中的情景历历浮现，与现实相叠……

让我悄悄告诉你，我的梦。

梦中，你依旧是一身朴素的衣裤，系着围裙，将我赶出厨房："别急，别急，菜还没好呢！"粗糙的手掌，染着油渍，那滑腻的触感，至今残留在我的皮肤上，抽烟机的响声挡不住你的嗓门儿："今天买了排骨，知道你喜欢，待会多吃点。"而我却发不出声音，只能看你略显蹒跚的身影在狭小的厨房里忙碌……

梦中，你依旧是坐在那个朝阳的房间里，背对着阳光，戴着老花镜，倚在躺椅中，花白的头发在阳光的照耀下闪出晶莹的光泽，一本普通的食谱，你每天总是翻上一遍，嘴里喃喃："丫头正在发育，得给她弄点好吃又有营养的。"老式收音机在红木的床头柜上沙哑地唱着黄梅戏，那幅画面，就定格在我的梦里……

梦中，你依旧是用慈祥的眼神注视着我，手里捧着饭盒："乖孙女，头还晕吗？我炖了骨头汤，里面放了海带，挂水的左手不要动，我端着碗，你喝。"继而，你又转过头批评我的父母："这么大的人，连一小孩都不会照顾，你们怎么能让我放心！"那嗔怪依旧在我梦中回想……

梦中，你的怀抱依旧温暖，我淌着泪，躲在你的怀里，哽咽着哭诉妈妈的不是，你温柔地搂着我，不断伸手拭去我的眼泪："好了，不哭了，天大的事有奶奶顶着，你妈那里我会去说的，她也太过分了！"说着，蕴着暖意的手掌抚过我的脊梁，泪眼蒙眬的我，已觉得那瘦弱的肩膀，会是我永远的避风港………

睁开眼，是空荡的房间，死气沉沉的家，已没有你每夜都亮着的小夜灯，只有你的一帧照片放在我的床头，始终微笑的你依旧慈祥地看着我。

奶奶，让我悄悄告诉你，你会在我每夜的梦中出现。

奶奶，让我悄悄告诉你，我一直怀念着你。

奶奶，让我悄悄告诉你，我一切都好，你在天堂不用担心。

奶奶，今夜，你还会再入我的梦么？

遇见另一个自己

陶思佳

有人说：在梦中的是另一个自己，而你自己在另一个自己的梦中。在梦中的自己做着你自己不敢或不想做的事，而你做着你梦中自己不敢或不想做的事。你们虽然不能在现实中相见，但却能在梦中相逢。

我却不这样认为。

在这个世界上，总会有那么一个人，她也许与你隔着一座墙，也许与你隔着一座城市，也许与你隔着万水千山。虽然你们不曾相遇，但早已在心中相逢。也许你们不曾交谈，但心与心之间的沟通无法避免。这种人，贵在精而不在于多，或男或女，只需个别。她懂你眉宇间隐含的哀愁，懂你隐藏在文字中淡淡的忧伤，她懂你的微笑，懂你的不悔。这种懂得，是一种会心的微笑，无须言语；这种懂得，是一次默契的合作，无须交流；这种懂得，是一缕轻声的交谈，无须隐藏。而不是一种解释，一种逃避，一种刻意。

在生命的长河中，我们大多过着平淡无味的生活，总是拖着疲惫的身躯来来往往。如果能在有限的生命中碰到另一个她，你将会是幸运的她能在你受伤时，安慰你；在你寂寞时，陪伴你；在你失落时，关心你。

如果有这样一个人，走不进你的生活，却能读懂你的沉默，那么你的生命就有了诉说。

在茫茫人海中，最难得的就是遇见另一个自己。

另 一 个 我

汤慧俊

"这一题选A！你没有看见吗？"

在我果断写上这一题的答案时，另一个声音在我的脑海中响了起来。那张脸充满了对我的鄙视和气愤之情。我不在意她所说的，漫不经心地应了一句："我做的一定是对的！"她赌气地走了。

结果，试卷发下来之后，我们争辩的那一题是我做对了。为此，她一直不肯和我说话。

那天晚上，我把书柜翻得乱七八糟，就是为了找抽屉的钥匙。那抽屉里装着对我来说很重要的东西。但我怎么找都找不到。我不知道怎么想的，就拿着工具去撬锁。她在一旁看着我，也不出声。

平时我干什么都要反对的她这个时候竟然不阻止我，简直奇了怪了。

但是我太想要抽屉里的东西了,所以就没有太放在心上。我把锁撬坏了,也没能撬开抽屉。

第二天,我就和妈妈吵了起来,如同火山爆发一般。最后我锁上了门,和妈妈赌气起来。

她靠在衣柜上,似笑非笑地望着我。

我白了她一眼,不理睬她。她轻轻地笑了笑,说:"去道歉吧!毕竟是你不对在先。""我才不要!"当时我的第一反应就是拒绝。我才不要和那个胡搅蛮缠的人道歉呢。

她走了过来,直视我的双眼,一字一句地说:"你只有两个选择:A,不道歉,和妈妈冷战,最后受伤的定然是妈妈和你;B,去道歉,写封检讨书给妈妈。相信你能分得出利和弊。"

面对这两个选择,我沉默了。我选了B。

假如我仍像做题目一样选A,那我不仅做错了题,还错选了通向未来的路。

未来就像是一道选择题,不同的选择,会迎来不同的路。但我要选的,便是能使一切事物变得温和的那一条。要选择那条路,就必须改变自己。

而这个"自己",也一直在潜移默化地改变着我。

遇见另一个自己,便是找到了那条通向未来的路。

遇 见 生 命

陶 萍

孤单的时候去照镜子,里面有一个自己陪你。时常告诉自己:不要再去等任何人了,所有的不期而遇都在路上。总有些事,有些东西让自己觉得难过却又舍不得都丢掉。人生的路不短,但也不长,我不要一眼就能看到头的人生。我想在某个拐角遇见另一个自己,可以告诉我该如何往下走。时间不仅让我看透别人,也让我认清了自己。很多时候,就是在跌跌绊绊中,找到更好的自己。

有一种相遇不是在路上,而是在心里。

谁又能懂,外表坚强的人有多么脆弱;谁又能懂,看似泛滥的人,对感情有多么苛刻;谁又能明白,看似潇洒的外表,却隐藏了多少眼泪;心中的另一个自己,离我有多远?当我选择好一条路时,无论叹多少声气,还是要继续向前走。远方的那个自己你要知道,再烦,也别忘了微笑，再急，也要注意语气，再苦，也别忘了坚持，再累，也要爱自己。有的人注定偶然出现在你的生命里，却需要你用一辈子的时间来将它遗忘，而另一个自己不会离开。

春天，另一个自己陪我回忆冬天下的雪，走的路是否还留下脚印，灯光下，还有我的影子吗？

夏天，另一个自己，陪我向春意盎然的春季挥别，那份生开在我心多灿烂的花枯萎了吗？

秋天，另一个自己陪我扬起阳光下所浅浅的一个微笑。那份在强烈的夏日里散着专属于青草的味道，还可以回味吗？

冬天，另一个自己陪我在沉默寂静的大街上，想着温暖的春季，说它走得太快，明年的温暖还会继续吗？

从来没有人知道我孤独是什么样子的，就像是喝了一杯冰冷的水，也能挤出滚烫的泪水。

有这样一个自己，走不进我的生活，却知道我的沉默孤独。

成长的故事

宽容与爱

陶佳悦

"紫罗兰把它的香气留在那踩扁了它的脚踝上,这就是宽容。"感谢马克·吐温先生,他道出了宽容的神奇,让我受益匪浅。

宽容如一座桥梁,联系了两个彼此在乎的人。那一次,我魂不守舍的趴在桌上,回想着自己做错事的那一幕。因为调皮,我失手摔坏了她最爱的手表,我们珍贵的友谊也就从此作罢。

悔恨与不安挑动着我的心弦,奏出一首首杂乱无章的曲子。我的世界仿佛一下子黯淡无光,我仿佛是孤身一人了。直到耳边传来一句熟悉的声音:"没关系,你不用自责,我不怪你。"眼前也出现了一如既往的笑容,我的世界再次被照亮,我再次拥有了伙伴,心中涌起一股暖流。

宽容的伟大,使原本分崩离析的两人再次成为形影不离的伙伴，这难道不神奇吗？

如果说宽容拯救了友谊是小事，那么宽容点燃了成长之火便是大事了。

宽容如一位特殊的老师，总是循循善诱的教导我们。当我们有了一次差的成绩时，你的心情会因此变得沮丧与懊悔吗？也许，每个人都会吧。但是宽容让我们明白，不仅要宽容别人，也要学会宽容自己。悄悄地对自己说一次："没关系，下次努力！"会让我们有更多信心，会让我们成长许多。当我们准备出去游玩一番，但窗外突然下起倾盆大雨时，我们便足以微笑面对，用宽容的心态去对待自己：不妨把游玩换成读书，也一定会有一番趣味。当我们再遇到生活中的挫折时，一定不会害怕与恐惧，因为宽容让我找到解决困难的办法。

宽容使人成长，这难道不神奇吗？

法国大作家雨果道出："世界上最宽阔的是海洋，比海洋更宽阔的是天空，比天空更宽阔的是人的胸怀。"是的，宽容的神奇让人着迷！

成长的故事

胡 迪

正如树叶具有两面一样，成长也是如此。

先说成长"优的一面"吧，相信这也是大多数人了解且认同的。

小时候，抬起头，仰望一本正经的大人们时，总感觉有一股说不出的神气。

小时候，总盼着长大，可究竟为什么？我也说不清。

小时候，那小小的脑瓜总爱问这问那，大人好像总是那么无所不知。

的确，成长的"优"不可否认，最简单的例子就是可以使我们懂得更多。然而，我却说懂的太多并不全是好事，成长有"优"也有"弊"。

一个人在未步入社会时，什么都还不懂。初来乍到，必定会先遇挫折坎坷，因为人正是在挫折中成熟，明白坚强。然而，却有很多人，在这过程中受到了"社会的雨"的影响，失去了本身的淳朴。

小时候我们常常以大人为榜样，大人也常说要给孩子做个"好样子"。然而，我所看到的"好样子"，却大都变了样。

比如在红绿灯旁，红灯了，小孩尚且能停下来静静等待。却有许多大人，仰面大摇大摆地走过去。

再说最严重的酒驾，"开车不喝酒，喝酒不开车"。这句话几乎人人都会念，可做起来，却仍有人爱相悖行之。这是对生命的不负责。

再将镜头放在街上，我亲眼看见过这样一幕，一位老人转着轮椅卡在上下坡的一个凹坑里，上也不是，下也不是。街道上人来人往。可这来来往往的大人们啊！可有一位肯多看老人一眼的？我正欲过去，却看见几个孩子跑了过去，小心地将老人慢慢地扶了过来。我笑了。

哦！一本正经的大人们啊！这就是所谓的"好样子"？不负责和冷漠？

我明白，凡是人，在这社会中生活，总是会变的。但在这变中总有不能变的东西，即一颗永远"出淤泥而不染的心"。

我们都应该明白：如何在社会的"雨"中保持灵魂最初的模样，是我们永远应该思考的问题。

这便是成长的另一面，但我相信，究竟是利是弊，只由你的那颗心决定。

听见花开

周梦芹

我站在叶落的季节,找寻自己的花开的声音。

——题记

流莺悄悄飞近船侧,伴桨声低语浅说,柳梢沾绿了烟波,绕堤成了三分春色,找寻另一个自己花开的声音。

遇见的另一个自己,是一个有梦想的少女,虽不是才高八斗,文思横溢,却是心中有梦。

信笺上有淡淡的尘土味道,是风雨兼程后的印记。"一路雨水,一路花又开,雨后笑对,花谢被掩埋",歌中唱到的,亦是我们人生的轨迹。生活中,会有许多困难挫折,让我们想放弃,想逃避,可是,逃也没有用,因为路的前方,还是雨,不如笑对风雨,当作成长的洗礼,洗尽身上的尘埃，将会是一个更纯净的自己。

遇见的另一个自己，是一个在旅途中的游子，虽不能看尽繁华，却也为梦想而执着，为迷途而探索。

想起席慕蓉的一句诗"既然选择了远方，便只顾风雨兼程"。肩上的破旧行囊，能收藏多少坚强？从惊蛰一路走到霜降，有多少眼泪流成了诗。面对苦涩，不仅能乐观，还需要坚强，坚强就是当你犹豫不决的时候，选择继续前进。

我遇见的另一个自己，是一个坚强的守望者，虽不能主宰命运，却能等待日出，期待一个契机，当空气中弥漫着希冀，便可绽放流年里的点点心愿。

后记：遇见过很多人，却欢喜遇见另一个自己。

成长的体验

陶梅悦

曾读过这样一个童话,一只狐狸,想钻进一个葡萄园,无奈洞口太小,只好把自己饿瘦,进到园子里饱餐一顿。可它发现,酣畅淋漓之后肚子胖的钻不出去,只好又饿上几天,才得以离开。有人便嘲笑狐狸,饿瘦了进又饿瘦了出,等于什么也没得到,其实只有狐狸明白自己得到了很多,起码它有一种葡萄酸酸甜甜的回忆。

体验,就是活在当下,只有体验过人生的酸甜苦辣才能明白生命的意义,我们一个用饱满的情绪去体验,方才明白生活是五味杂陈的。

蓄着陈醋般的酸涩

倏忽间,我发现父母责备的少了,我也不再贪恋那暖和的被窝了，理智让我趋向于冰冷的桌椅了，少了梦境的安慰，多了咖啡的香浓。何况那一沓沓试卷，是我锦绣的未来，发现自己就像根面条，那渐入骨髓的酸涩，虽然酸的浑身一颤，腰板却硬硬的挺直了，在这酸涩中，获取一份坚强，值得！

泛着果汁般的甘甜

每天一瓶饮料，渐渐成了我的习惯，我喜欢拧开瓶盖时二氧化碳的喷薄而出！八百米，三千米，耐力与意志的较量，汇聚成了决不放弃的动力，疲惫到无以复加却有着一种满足。一瓶果汁，一仰头，畅快淋漓，我喜欢这样，喧闹的课间，亲切的笑脸，幸福的感觉正如这甜入心扉的果汁，纵然学习的压力再大，满满的青春朝气奔涌而来，值得！

存着烈酒般的辛辣

考试后很洒脱。偏科带给我的，却是兴趣与分数之间的矛盾，它们总是不能统一意见，成绩发布的那一刻，总是欢喜与忧愁同时驾到，搞得我每每猝不及防。我便只能开启心门的一道缝隙，小的只能挤进一两句刻骨铭心的责备，我小心翼翼地掌握着人生的航船，努力不让它被任何一股暗流带向深渊，我就像一个醉酒的汉子，努力摆脱着酒精的麻醉，回味着那种热辣辣的滋味，值得！

藏着苦瓜般的口涩

　　课桌被晒得发烫，耳边环绕着邻班学生高亢的琅琅书声。突然有种想哭的感觉，觉得学习与生活很苦，成绩的挑战，紧绷的神经，爸妈的期待，老师的叮咛，长大带给我的不仅仅是身高的优越，更多的是压力的苦涩。它很苦，可我知道，只有苦后才有甜，风雨之后才有彩虹，破茧成蝶后才有阳光的温暖，品味这苦涩，值得！

　　我们在摸爬滚打中找寻着人生路，人生体验无法从别人的传授中获取，必须要我们自己去尝试，哪怕是头破血流。

　　可挫折后我们的口中五味杂陈，有酸甜有苦辣，有成功有失败，不论结果如何，我们都会在这多彩的体验中获取宝贵的财富，个中滋味，自己体会。

走 向 远 方

陶 悦

远方是哪里？是我们要体悟的人生，诗人说过，"既然选择了远方，便只顾风雨兼程"，也许远方会雷声不断、波涛汹涌、烈日高悬，却充满了未知的希望，所以令人神往。

青山隐隐，绿水迢迢，我站在此岸，望着远方，看着那天外流淌的是雏形的梦。

远方，是遥远的记忆。

在那个享尽极乐的大殿之上，李太白让高力士脱靴，杨贵妃研墨。野原之上，他执意放白鹿与青崖之间。从此，他一袭长衫，一壶清酒，洒脱于人世间。

在那个烽火三月的岁月，辛弃疾的"不啼青泪长啼血"让多少世人悲愤不已，一边是"斜阳正在，烟雨断肠处"，另一边却是"雕车宝马香满路"，而他，执意要做那个灯火阑珊处的孤人。

　　走向远方的路,并非一帆风顺,可我们依然为之努力,因为我知道,远方,还有我未曾实现的梦想!

致母亲大人

许馨悦

亲爱的母亲：

您好！

当我正想背上行囊，剑指异方，完成自己的青春幻想，当我怀揣着青春的糖色秘密，向预定已久的"树洞"倾吐，但我在这时不由得的烦躁，从而露出叛逆的一角。

您盼来我的成长，却忘了世间万物都会苍老。

时间的沙漏一次又一次翻转，您有您的良苦用心，我也开始有了我自己的思想。

青春期遭遇更年期？

我们仿佛忽略了彼此的感受，不，只是我们将另一面隐藏起来。

幼年，"我要吃糖人！""不讲卫生呀，妈妈给你买别的？""不我就要吃糖人！""哎，下不为例哦！"每每当我提出要求要求，那时您总是应允。

小学时，"我没考好，妈妈。""没事成绩不是最重要的，努力了就好。"那时您总是循循善诱，默默地鼓励我。

青春期，"我不就看会儿电视了吗？有必要吗？""你自己不自觉，还顶嘴？这么大人了！去看书！"您开始对我怒目圆睁了，我觉得您变了！您错了！

我知道您是望子成龙，可我不明白您为何变得如此强势？当我发现您的另一面，又一次与您顶撞，您先是低头不语，沉默片刻，又无声无息地离开了客厅，空气好像在这一刻凝固了，此起彼伏的呼吸声，都无比清晰与沉寂。

这是我那时的感觉，不知过了多久……

不知是我恍惚了，还是太安静了，我听见了您的啜泣，不，那就是您的啜泣。

毋庸置疑，我错了！您的强势，是我"逼"的，是我逼您将您柔软的一面藏了起来，面对我的叛逆，您发现言语无法使我平静，所以，您选择了给我自己空间，让我自己领悟与反省。

我不能否认，我是爱您的。可我又是木讷的，那话我说不出口。小时候我会吐露心声，可渐渐长大，我们之间渐行渐远了。

可是总是有一根线牵引着对方，因为我们的根系在一起。

您的另一面感染了我,真的,亲情是一种奇妙的情感,不言语表面却蕴藏在心底,打动人心。

您的爱,不求回报,我的爱,至真至纯。

此致

敬礼

您的女儿

2017年11月14日

慢慢长大

张树芹

亲爱的妈妈：

您好！

成长默默带走太多的光阴，岁月默默从黑发中流过太多，风默默传播太多爱的信息。

妈妈，就让我这样慢慢地长大，去寻觅岁月遗漏的声音。

还记得，小时候最喜欢你的那双清澈明亮的大眼睛，可为何你的眼睛失去了光华，也许是女儿的挑剔，使您不得不日夜在日光灯下，踩着缝纫机，血丝沾满了双眼；也许是因为女儿的无能，在学业上一事无成，让您的脸颊印着这么多牵挂；也许是因为女儿的疏忽，急于成长，一不小心错过了您对我的爱。女儿现在醒悟还来得及吗？去爱您的眼，抚您的皱纹，感受您的爱，您不会嫌弃女儿的迟钝吗？以往对您的抱怨，以往的逆反，以往的任性。对不起！妈妈，如果知道成长需要您付出这么多代价，我宁可永远不要长大，做您眼中的孩子，那个吃蛋糕始终会把最大块留给妈妈的孩子，那个说长大以后还要买很多的蛋糕给妈妈的孩子，那个以妈妈为傲的孩子！

妈妈，就让我这样默默地长大，回忆脑海里最美的记忆——您陪着我的点滴。

还记得，小时候经常依偎在您温暖的怀里，可为何我再也不能靠近您，听您说过去的故事，是的，繁重的学业捆住了我，使我不再那么无知地看着您，猜测您的心事！多想告诉您，妈妈，一年年，风霜遮盖了您的笑脸；还记得，您陪着我一起堆雪人，院子里铺满了雪，那是无声的爱，无言的陪伴。窗外已是一片漆黑，飒飒的风声传递着丝丝寒意，当寂寞不期而至的时候，您就在我的身旁，陪我一起。

爱无声，照亮了天空，爱无言，滋润了心田。

妈妈，就让我这样慢慢地长大，有您陪我眺望远方的风景。

和您在一起，我的世界五彩缤纷。别人都说，孩子长大了，就会摆脱对父母的依赖。而我，越长大，越离不开，只因我的妈妈，陪我走过了太多的路，我多想您还在原地，陪我眺望远方的风景。

风，轻轻地吹，扬起丝丝缕缕的白发，传递一点一点的爱，无奈，我还是长大，您站在那原地，看着您最爱的女儿在人生的道路上坚强地走下去！

梦里，依稀记得我牵着您的衣襟走过春秋冬夏……

献给世界上最美的您！

妈妈！

您的女儿

2015年11月20日

我给自己写封信

张欣悦

未来的我：

你好！

我在夜晚的小小灯下写下这封信，写完后我就将它藏起来，不去看它，直到我自己也忘了这件事。可是你却又在无意间找到了它。你会惊喜吧？我给你留了这件小礼物呢。

不拘是什么时候的我，总之看到这封信，它就是给你的。你可别撇下信跑了，耐心看完，通过它再次想起你现在不理解的我——就像我也不理解我更小的时候为什么喜欢到处啃——你不觉得这是很有意思的么？也让我跟你叙叙吧。

看到这封信时的你多大了呢？是不是还在学习？或者已经在工作了？还是您已经到了"享天年"的年纪了？哎

呀，这我可实在无法去想。不过不管怎样，你总是比我更大，有更多经验了，我也不用在你面前装得像有多明事理似的。不过有些事情，有些道理你可能已经忘了。

　　你记得吗？作业上只要有问什么人为什么取得了成功，我的回答里是少不了坚持不懈、不怕困难之类的词的。我想你肯定也是有遇到过难题和麻烦事的。也许你正在经历一个难关，不知道该怎么做，正要向别人请教。那这封信可来得正是时候呀。我不敢说我学了什么百试百灵的克难秘法，被你给忘了，但是多动动脑筋，多试几次总不会错的。不怕困难是披荆斩棘刃，坚持不懈是锻炼意志的磨刀石。有了它们，你即使身陷荆棘丛中也能走出来。要是再加上点儿机智，甚至可以从中开出条路来！遇到什么好事也不要开心过头，因为古语有云"乐极生悲"啊，应该以此为动力，努力让好事更好。

　　如果你还处在浑浑噩噩的状态下，那你可得好好注意一下梦了。当然不是说让你去看《周公解梦》，我的意思是造成这种状态的罪魁祸首，很可能就是睡眠不足——至少我现在觉得是这样。为了省下时间好好休息，首要的，当是提高办事效率，在闲适时间里也要好好认识一下自己，认识了才能改变，改变了才能摆脱现状啊。总之，想到什么就去做，不要一直拖着，直到各种事都在脑子里熬成粥，又乱七八糟的。

　　和你说了这么多，你可不要以为我是在说教。我只是把你可能已经忘记的经验或道理再告诉你一遍。

还有一句,"所有的大人,当初都是孩子",你可不要忘记啊。我也应该为了创造更好的你而努力。

期待你的回信,给更久以后的我。

少年时的你

致少年的我

许慧娟

少年的我：

  你好！

  日子如流水一般缓缓流淌，不知不觉，走过了十多年。也许在这似水流年中，我也应该明白些什么。

  一年级，可以和同桌分三八线；二年级，大家一起学三字经；三年级，为了学好英语开始努力；四年级，从父母那里得知了成绩的意义；五年级，同学之间开始攀比；六年级，越来越多的压力接踵而至。到现在的初三，成绩已是人生中的一个重要话题。即使很累，也不能停歇；即使很想放弃，也不能止步；即使泪水在残酷的竞争中肆意流淌，也要擦干泪水去微笑面对未来。

  还记得，那一年的期末考试的成绩你仅仅是全校三十九名，这让一向成绩不错的你难以接受，所以你想到了放弃，可是当你的朋友和你谈起班级趣事时，再大的困难不是也挺过来的吗？虽然成功的路上一路布满荆棘，但是已经充满活力和越挫越勇的精神的你还会怕吗？

也许血液里充满了不安分的因子，导致了现在的你狂放不羁。那一次的运动会，由于你的失误导致了全班的失败，明明已经很伤心了，只是你的闺蜜还说了你，于是，你怒了，顺手砸去一个直尺。事后，你们还是和好了，这也让你明白不管有多大的风雨，友谊的花朵始终盛开在彼岸。

确实，这一路上不公平的事太多太多。还记得吗？上一次老师在课堂上批评你，说你下课在班上大吵大叫，其实你也知道老师不知道实情，但是被冤枉后的委屈和气愤还是让你流下了不甘的泪水。从那时起，你就应该明白这个世界不是以你为中心，这个世界本就这么不公平，你只有让自己变得更强，而不是一味地依赖，这个世界不是少了一个你就会变得黯然无味。

生命，总是在挫折和压力下辉煌；思想，总是在徘徊和失意中成长；

如今的你，青涩正过，只有不断努力和不断进步。

现在的你

走向远方

侯菊美

在人生的漫漫长路中，有许多的磨难与挫折来磨砺你坚强的意志，这些磨难可能会让你垂头丧气，一蹶不振，也可能让你感到前方路漫漫，希望渺茫，这时，你只要记住：走向远方，让生命更加辉煌。

著名的诗人汪国真曾在《热爱生命》中写道："我不去想是否能成功，既然选择了远方，便只顾风雨兼程。"是啊，在走向远方的路程中，会有许多未知的考验，但只要你选择了，便要勇往直前，全力以赴。

著名女作家海伦·凯勒从小就是一个双目失眠的女孩儿。在别人看来，可能她的人生注定只是一片黑暗。然而她没有放弃，在老师的帮助下，重拾信心，走向了作家之路，并最终取得了成功，写下了《假如给我三天光明》这一文学巨作。在成为作家的路途中，我们不难想象，双目失明的她付出了比别人多多少倍的汗水与艰辛，靠的是什么？靠的正是不愿屈服命运的毅力与勇往直前的精神。

在走向远方路上，出现了许多像海伦·凯勒那样的人，诸如音乐巨人贝多芬和霍金等人。

他们无一不是在走向远方的道路上遭遇了困境，无一不是创造了辉煌的成就。由此，我们明白，走向远方，要勇往直前，不畏险阻，不惧困难，让生命更加辉煌。

走向远方，我们要坚定信念，不惧困难，努力拼搏，即使最后没有成为像海伦·凯勒、贝多芬那样的成功者。可当我们回头时，也会骄傲地说一声：我拼搏，我无悔。

走向远方，努力拼搏，勇往直前，让我们一起向远方的辉煌奔跑，向成功的顶峰努力攀登，向我们拼搏的过的人生致敬。

走向远方，我奔跑过，我不后悔！

一路成长

张梦婷

你们是清晨的一缕阳光，温暖我的心扉；你们是朦胧的第一颗露珠，滋润我的枝叶；你们是生命的第一丝甘泉，灌溉我的梦想。

——题记

岁月如浮云，从我的身边悄悄溜过，匆忙地打理好行装，我走进了青春驿站。一路上，我与悲伤擦肩而过，与快乐共同高歌，与幸福牵手，临风微笑……一路上，引领我的是你们。你们是阳光，你们是温暖的，灿烂的，更是希望。是你们鼓励我，鞭策我。一路上，我与你们同行。

谁言寸草心，报得三春晖。

母爱是一缕阳光，让我的心灵即使在寒冷的冬天也能感到温暖如春；父爱是一泓泉水，让我的情感即使蒙上岁月的风尘依然纯洁明净；家是一片甘霖，让我的记忆即使在时间的洗涤下也能保持光彩。

陪伴，是你们送给我最美好的礼物。爱，是你们给我最幸福的港湾；家是你们给我最温暖的摇篮。是你们哺育了我，任劳任怨，我在你们的呵护下成长。

陪伴，给予了我快乐。爱，给予了我力量；家，给予了我温馨。我要大声对你们说："爸爸妈妈，我爱你们，感谢你们所为我付出的一切。"

春蚕到死丝方尽，蜡炬成灰泪始干。

人生旅途上，您丰富了我的心灵，开发我的智力，为我点燃了希望的光芒。您不辞辛苦地工作着，用严肃的面孔装束着自己，谁也不知道您严肃的背后究竟有多少的默默付出。有人说您是智慧的化身，您是朴素的象征，在我心中，您却是勤劳的播种者，挥洒着辛勤的汗水，埋下粒粒种子。渴了，为我灌溉知识，我在您的呵护下成长。

从发芽到结果，把我们的成长经历铭记在心。我想对您说："谢谢您老师，为我们付出，却不求回报。"

海内存知己，天涯若比邻。

时光，酝酿友情的美酒，越发醇香，回忆泛起情感的浪花，情感无限；岁月，培育情谊的大地，枝繁叶茂。我们之间的友谊不会随着时间的改变而消逝。我想对你们说："朋友，你们陪伴了我多少个春秋，和我经历过多少场风风雨雨，帮助我解决过多少个难题，引导我走出了多少个困境，感谢你们的陪伴，才会如此精彩。"

在这个青春洋溢的日子里，我与你们同行，共同描绘我美好的梦想蓝图，描绘我五彩而绚丽的未来。

一路上，我与你们同行，一路拣拾快乐、幸福、智慧和友谊。

成长的蜕变

胡艳丽

就像流星划过天际,我们燃烧青春,绚烂,耀眼,共同演绎着青春的成长。待它渐渐退却余温,却蓦然发现,虽然失去了光彩华丽的外表,却显得更有价值,更富有魅力。

成长是那样美丽,伴随着青春的足迹。

有一天,我忽然发现镜子前的自己不见了稚气,爸爸妈妈也不再宝贝宝贝的叫我,开始叫我的全名。而我也不再热衷于小汗衫小皮鞋,而是喜欢穿着休闲服,踏着运动鞋。逛书店的时候,我不再沉浸于童话,而是选择意境深邃的散文,或是令人回味的小说。房间里不再是乱七八糟,而是收拾得干净整洁。原本家中欢快的歌声变成了叽里呱啦的英语或是古文。忽然觉得这样的自己好极了,摆脱了孩子的稚气,一切对于我来说全都是新的。未来,既充满了挑战,也充满了未知,新奇而又刺激。

成长是美丽的,伴随着青春的快乐。

小学,对于我来说无疑是个无忧无虑的天堂,和好伙伴朝夕相处,一起嬉戏,一起玩耍,六年的时间转瞬即逝,却留下了美好的回忆和单纯的友情。就这样,我成为一个中学生。初中生活带给我前所未有的感受。老师们默默地,不知劳苦地付出着,看到我们进步,他们脸上笑成了一朵花似的。身边不再是那个陪着自己傻傻乐呵的伙伴,而是变成了互相扶持、共同进步的好友。

成长也是痛苦的,伴随青春的代价。

深夜,全世界仿佛只剩下我一个人坐在台灯下,安静的竟然可以听见自己的呼吸。我疲倦了,也觉得有些烦了,身旁有无数的重担压得我动弹不得,让我欲罢不能。迎着晨曦上学,顶着夕阳回家,我累了,我也倦了。但我并不是孤独的,因为我知道无论奋斗到多晚,桌上都会有牛奶冒着热气。

蝴蝶不经历蜕变的痛苦,就不会有它那翩翩起舞的倩影。

流星不划过天际,就不会有它那灿烂的摩擦,更不会有它那独特的价值。

感 悟

王婧婧

与烈焰如火的太阳相比，月是平凡的，但她与世无争，任凭阴晴，默默地在平凡中造就了属于她的美丽。

与笔挺于峭壁悬崖间的青松相比，草是平凡的，但他不屈不挠，岁枯岁荣，不妒心衰的在平凡中造就了属于他的风景。

与温室骄纵弄姿的玫瑰相比，梅是平凡的，但她俏而不争春，迎风斗雪，朴实无华的在平凡中造就了属于她的高傲。

草木如此，人亦如此。

我们的生活是要一个良好的氛围的，而这个氛围是谁给我们的？老师？父母？还是苍天？都不是，而是生活中最平凡的一个职业——清洁工。

天蒙蒙亮时，人们还在睡梦中，他们却已经起来工作了，街道上随处可见他们的身影，只要有他们在的地方，就会保证我们生活在一个干净整洁的环境中。

一次周末，天公不作美，倾盆大雨像瀑布一样宣泄而下，街道上几乎没有行人和车辆的来往。由于父母不在家，我只能出去买午饭。我撑了把伞，还披了件雨衣，可走到半路上衣服还是湿了一大截。正当我懊恼时，却看到不远处有一位身上只披了件一次性雨衣的清洁工拉着一辆绿色的垃圾车和我迎面走来。我顿时愣住了，心想：我不仅披了件雨衣，还撑了把伞，身上都被淋得湿淋淋的，而他只披了件一次性的雨衣在大雨天扫马路。正当我发愣时，这位清洁工已经拉着垃圾车走到我面前了。

他看起来大概有五六十岁了，半黑半白的头发在雨水的冲刷下紧紧地贴在额头上，还有雨水顺着脸颊往下滴，拉着垃圾车的一双手上布满了老茧，一次性雨衣在雨水的冲刷下不起丝毫作用，衣服也都湿淋淋的，但那一双眼睛却好像镜子一样明亮有神。

他好像知道我在盯着他发愣，和蔼地对我说："小姑娘，这么大的雨，你怎么一个人在外面啊？"我带着些敬佩的语气回答道："父母不在家，我出来买午饭。"这位清洁工笑了笑，说道："那你路上小心点儿，我去扫其的街道了。"我很用力地点了点头，站在原地看着他的背影渐渐消失在我的眼中，但心中对这位清洁工的敬佩却迟迟挥之不去。

与高官厚禄们相比，清洁工是平凡的，但他们默默无闻，不争名利，尽心尽力的在平凡中造就了属于他们的高尚。是当之无愧的无名英雄！

最好的生活

陶文婧

> 最好的生活是什么？我们的生活中所有美好的东西都是最好的。
>
> ——题记

快乐的生活

生活就像一个大的储存器，它记录着生活中每时每刻发生的美好和快乐的事情。当我们走进生活时，会发现快乐的生活是最好的生活，每个孩子的脸上洋溢着笑容，发出欢快的笑声。要去品味生活，就会发现生活中的快乐。校园里，孩子们嬉戏打闹的快乐。游乐场中孩子们游玩的快乐。鸟儿们在空中快乐自在的飞翔十分快乐，在书中也可以是快乐地随着书中人物的快乐而快乐。听到笑话时和好朋友一起捧腹大笑的快乐。快乐伴伴随着我们的成长，生活中快乐有很多需要仔细发现，快乐是最好的生活。

幸福的生活

有些人以为只有长大之后，做了官，升了职，发了财成为有钱人之后，才会有幸福的生活，如果这样想那就错了。我们的生活中本身就是幸福的，当我来到这个世界上时，父母就是关心我的人，我高兴时，他们和我一起开心。我忧虑时他们会理解我，成功时会祝贺我。受伤时，给我无微不至的照顾和关心，这，难道不是一件很幸福的事吗？身边的朋友，就仅次于父母。在学校，我与他们一起学习聊天。下课时，教室里经常会发出银铃般的笑声。我和朋友们就说的那样，有福同享有难同当。所以，幸福是最好的生活。

平凡的生活

母爱和父爱都是平凡的，他们也会渐渐的老去，却永远不会忘记对方，无论时间过得再快，他们之间也不会再改变了。在大自然中，草儿，花儿，树木都是有生命的，并坚强地活着。亲情和生命都是平凡生活中的伟大。平凡的生活才是真正最好的生活，我们要去珍惜平凡的生活，享受着平凡生活中的点点滴滴。

　　最好的生活是许多样子的，每一个人的观点不同，结果就会不同。总之，生活都是美好的，我们享受着最好的生活，每个人都有最好的生活。

时 间 纽 扣

张雯慧

曾听过一个故事。

一个年轻的男人在大树底下等着他的情人，突然一只精灵出现在他面前，给他一个时间纽扣。

男人高兴极了，迫不及待地向右转动时间纽扣，转眼他的情人就出现在他面前。

他又开始想象他结婚的样子，又转动时间纽扣，婚礼进行曲便猝不及防地传入他的耳中，看着新娘幸福地依偎在他怀里，多想看到子孙满堂的情景啊。

一瞬间，孩童稚嫩的声音软化他的心灵。

他扬起他那僵硬的笑容，嘴巴里竟有凉飕飕的风吹过，才目瞪口呆地发现少了好几颗牙齿，他吃力地抬起他颤巍巍的手，看着满手的皱纹，这才发现他已然错过最重要的岁月。

几经辗转，时间纽扣来到我的手中。

我来到六岁那年，映入眼前的是一幅田野图，广阔的田野像被绿色的颜料倾倒似的，隐约可见的两个动点便是我和妈妈在田野中奔跑。我又来到十岁那年，眼前温馨的图景像是被"美图秀秀"润过色一样，夕阳透过窗户来到我面前，妈妈看着被夕阳染色的我好像欲言又止。

　　回到现实生活中，妈妈仿佛知道时间纽扣一样，用她粗糙的手摩挲我的头，说道："我们将会在时光这条泥泞的小路上渐行渐远，最终的结果固然重要，但最不容错过的是沿途的风景，一步一步走过来的才是生活。时光飞逝，我们每日都在劳累中看着时光荏苒，不要错过不该错过的。"这想必是五年前要说的话吧。看着妈妈拖着沉重的脚步消失在我面前，我才恍然看见时光留在妈妈脸上的皱纹，生活的枷锁紧紧锁住妈妈的四肢，就连头发也染上了月光的颜色……

　　穿过熙熙攘攘的大街，走马观花地看着各式各样的商品，最不容忽略的便是曾被我忽略过的小湖，它在月光的映照下格外的美，我这才知道猴子为什么要捞月，也知道嫦娥为何要奔月。

　　想必这也是不该错过的吧。

　　时光拉着我们不知疲倦地往前走，我们最终还要停下来，回头看看，领略未欣赏的美景。

　　后记：写完这篇文章，我已然丢掉了时间纽扣。

未来生活

陶毅翔

早晨的阳光好刺眼啊!

"丁零零……丁零零……"闹钟又响了。

"今天是2023年10月28日早晨6点30分。"现在想想,为了买这个东西可花了我不少的工夫呢!

两年前,无意中在一个百货公司里看中了它,其实原本就是一个指甲盖那么大的一个小芯片,买回来的时候随便放在办公桌上突然就不见了,心想:算了吧,找不到的话可能明天一早就出现了。没想到的是,办公桌上就突然以折叠式出现了一个电子生物钟,这时,我的床也跟着一震,差一点把躺在床的我震了下来。想想都笑出了声。

一晃,都6点50了,赶紧拿起桌上的手表冲出了门。真的很轻松呢!而你也千万别看这个手表小,它的功能可大着呢!

首先的是，它可以控制房屋内的各种家用设备，外出的交通设备以及各种的饮食需求。

而最重要的是，它容纳了上班时所用的全部资料，并且，全部都是以数据化收纳，以屏幕式呈现。屏幕投射也以蓝光为中心，只护眼不伤眼。

不知不觉中穿着光速鞋已经来到了公司。这双鞋的设计原理就是把人迈脚中间停歇的时间暂停，而当时人们在利用四次元定义把时间引申过来，使速度加倍，这样速度就达到光速了。

你也不用担心被车辆撞伤，因为在这里，这个以光能、风能、水源能、火热能发电的城市，居民们都使用这种鞋，距离远的话就直接时空跳跃了。

外套的分解功能更是方便——以意志力控制方向使身体分解在穿梭到某一地，眼睛都还没睁开就已经坐到位置上。是不是特别羡慕啊！

看我说的那么精彩，你猜得出来我是干什么的吗？告诉你吧，其实我就是专门分解细胞的研究人员，主要工作就是研究细胞的融合与分解，使那些濒临灭绝的动物再次生活在这个地球上。

"您有一场8点钟的会议，请准时参加。"手表提醒我要去开会了，不和你们聊了。

要是你找我的话欢迎乘坐时光机来见我。

生活如茶

张雨欣

生活，是一杯幽香恬淡的茶，上面漂着琐碎，我们只愿品它的味，而不愿去吞咽它的哽。

——题记

"看昨天的我们走远了／在命运广场中央等待／那模糊的肩膀／越奔跑越渺小……"

昨日的繁华与辛酸已随波逐流……

从不抱怨，从不怨恨。过去的，就让它过去吧！无论怎样的美好，我们始终回不到过去，走不进曾经。"无可奈何花落去，似曾相识燕归来"，那些曾经，只是曾经，只是成长道路的过客罢了，又何必为此伤感？

"每一次哭／又笑着奔跑／一边失去／一边寻找……"

现在的一切需要自己好好把握……

正值花季的我们有着似火的热情,即使跌断翅膀,也要带着血和泪飞向远方,时光短暂,请珍惜今天,让我们带着隐形的翅膀,一起飞向心中的梦吧!短短的分分秒秒加起来,便是我们回不去的青春,唯此,我们只有把握现在,永远不要后悔当初。

"明天你好/声音多渺小/却提醒我/勇敢是什么……"

未来是个未知的旅程……

"我的未来不是梦,我的心跟着希望在动",未来是一个无法预知的明天,更是一个值得今天为之努力拼搏的动力。那么,何不努力呢?把握自己的未来,就是今天的每时每刻。

让梦想飞在窗外,去迎接未知的精彩。

此刻的我,用这笔尖描绘的淡淡文字。

就只这些,便是我最好的生活!

享受安静

孙成茜

踏一路金花风雨,摇一路声声驼铃,采一路兰芷芳菲,唱一路歌声不断。于我而言,最好的生活不过是在阳光灿烂的日子里品一杯香茗,捧一纸书卷,过一个悠闲又安宁的下午。

——题记

我是种茶世家,阳光是于我们最好的恩赐。

感受最好的生活,就是感受阳光灿烂的日子。阳光灿烂的日子就似一杯热气腾腾的新茶,只需一口,那种清新和甘爽便能涤荡肺腑,融化冲洗掉心中的杂念。我想,在宁静的午后,坐在阳台前的椅子上,泡上一杯香茗,细细地品尝着它的味道,感觉着流连于舌尖的香味,我想最好的生活莫过于此。

感受最好的生活，就是感受阳光灿烂的日子。阳光灿烂的日子就似一本翻开的旧书，那些温暖而沉稳的气息，在不经意间就能敲开人们记忆心扉上早已落满尘埃的窗，使麻木已久的心灵再次为之雀跃。我想，在宁静的午后，坐在阳台前的竹椅上，捧一本好书、品一杯好茶，感受令人沉醉其中的书香，静静地体悟书中的奥妙。我想最好的生活莫过于此。

感受最好的生活，就是感受阳光灿烂的日子。阳光灿烂的日子就似花园中那一朵朵艳丽的向日葵，仿佛一瞬间，它那明媚招摇的颜色和明亮无比的光芒就会刺痛你的眼，照亮你心灵中每一个曾经灰暗的地方。我想，在宁静的午后，坐在阳台前的竹椅上，看着窗外肆意开放的向日葵，平息了自己经纶世务的心，感受到天地之间万物生灵的美好，我想最好的生活莫过于此。

毕业季来到，我背上行囊，站在人生的十字路口。

让生命歌唱，让年轻的脸庞写满天真，让天真的思绪飘的更加遥远，让遥远的希望快快来临……

在几点星光之下，听那虫鸟的琴瑟之合，心中如一面平静的湖水，清澈而宁静。

我想，最好的生活莫过于此吧……

仰望星空

张欣悦

今夜,风微凉,虫鸣阵阵。没有月亮倒显得更亮了,那些小星星就像夜空的眼睛,月亮的碎片,住在天空的萤火虫,还像许多挂在天上的小灯泡,用透明的线一颗一颗穿过,把它们连在一起,变成美丽的天空的图画。夜空总是能让人联想到许多,爱幻想的童年记忆便也蕴藏其中。

一颗星拖着长长的尾巴划过天空。"据说对着流星许愿,愿望就会实现呢!"姐姐对我说。那时还小,天真地相信了姐姐说的所有话,我还想象出了流星的样子,仿佛真的看见它落到天际。

"什么愿望都可以?"我激动地问,尽管流星还没空路过这儿。姐姐笑着点头,可能在笑我的幼稚,也可能对我的天真感到好笑吧,不过我可没空管那些,我那小小的脑袋里已经开始盘算着要许什么愿望了。"那……我的愿望是能许无数个愿望！"我很快想出了个最划算的方法，但姐姐却编了个很荒谬的理由，说："流星耳朵不好，一次只能听见一个愿望。""难道这不是一个愿望吗？"我不理解。要是只有一个愿望，得好好考虑才行啊！

我要有吃不完的零食，玩不遍的玩具！每天玩新玩具，吃许多好吃的，这是件幸福的事情呢！可是又一想到用不完，那不就都浪费了？这个愿望不好。

我要有一支神奇的笔，比马良的笔还要神奇。我希望它能帮我写作业，这样我就不用累啦！可是，如果离开那支笔，我不就什么也做不好了吗？这个愿望也不好。

我要有很多时间，有足够我玩到尽兴的时间，生活优哉游哉的。不用考虑哪天上学；不用在意在玩的时候妈妈突然叫我回家吃饭；想赖床到什么时候都可以。对于一个贪玩的孩子来说，这很不错呢！但是如果流星的魔法失效了，后果应该会很严重吧？

我希望我快点长大，去世界各地玩，当然和爸爸妈妈姐姐一起。可是我长大了，爸爸妈妈也会老去，总有一天他们要离开我们，于是我又想爸爸妈妈永远不会老去……

我想了很多，但还是没有找到最合适的，最好的。我希望星星多落下来，让我许更多愿望，又不想让它们落，在我想到最好的愿望以前不要落。

其实，那颗星星就在我们心中，只是，它带着童真的稚气，在我们心间玩起了捉迷藏，只要抬头看看天空，带着纯真的愿望就一定能找到它。

爱的幸福

陶 丽

有一种爱，无须刻意寻找；有一种幸福，伴随在我身边；有一种温暖，永远属于我！

——题记

生活中的幸福不像大海那样轰轰烈烈，也不像泉水那样沉寂无闻，它就像清澈的小溪，虽是涓涓细流，却能涤荡人心。幸福就是这种滋味的生活，如此便是最好。

"时光时光慢些吧／不要再让你变老了／我愿用一切换回你岁月长留……"

有个地方，是永远可以安慰甜睡的港湾，那就是父母的怀抱。母爱是一阵和煦你的风，吹起纷飞朔雪，带来了春光无限；父母是一座大山，高大而巍峨。让我望而生怯不敢攀登。这种爱，亘古绵长无私无求；有这种伟大的爱，难道不是最好的生活？

"感谢你陪伴我／不然我将会多么寂寞／不然如何能把泪水／变成回忆的彩虹……"

茫茫人海，就像一片戈壁滩，我们就是滩中的沙月，因为有你的陪伴，我们不再感到孤独与渺小，友谊就像片片拼图，结成一幅幅美丽的回忆。少了哪一片都不可以，愿心情在彩云升起的港湾，偷偷地把幸福藏在心间，用一缕友谊色的丝线将我们绑在一起，想到岁月地迁的终点，这难道不是最好的生活？

"还有什么可以给你／还有什么可以改变／烟火等待着黑夜／风筝依偎着线／爱到最后爱到最美是陪伴……"

有一个哥哥是多么幸福的事呢？那就是悲伤的时候，有人安慰，快乐的时候，有人分享。从此以后在人生的旅途上，你永远不会孤单，哥哥会一直默默陪伴你、保护你，那难道不是最好的生活？

幸福永黑暗中的一曲歌谣，永远陪伴你；幸福犹如沙漠中的一股清泉，永远给你清凉；幸福犹如冬日下的一缕阳光，永远温暖你。

身边中的幸福随处捡拾，这便是最好的生活。

发 现 美 丽

芮婷婷

在这平凡的世界中，美随处可见，但生活在这里的我们，却唯独少了一颗善于发现的心。

当夕阳将最后一缕光辉留在广阔的土地上，留在碧绿的树林里，叶儿被风轻轻地吹动摇摆时，你是否去感受过这份宁静和谐的美丽？

古人说，"夕阳无限好，只是近黄昏。"但在我的眼中，太阳可爱的落下，不过是将我们置于黑夜的憧憬之中，明天的太阳也许会更加灿烂！

仔细一想，这份画面难道不美吗？有落日斜晖，树叶的浮动，还有风儿的问候，伴着耳边树叶摇曳的轻响，多么如诗如画的境界！

当流星在暗淡的夜空中掠过，你的眼睛是否注视着她的美丽？你可曾想过，在这短暂的闪烁之后，他便会永久的失去光芒？

　　夜空中的那一颗颗繁星，总是在寂静的夜晚，默默散发着属于他们自己的光芒，与清冷的街道做伴，这平凡的景象也许不曾在你的心中泛起涟漪，但它就在那里静静地等着你去感受那一份特殊的美。

　　当一片片金黄的树叶在深秋的下午缓缓飘落，在空中留下一道道凄美的弧线时，你又会有什么感觉？是习以为常还是暗自感伤？

　　自古逢秋悲寂寥，人们常在秋日感伤离合，感伤秋叶的凋零，但我却认为叶儿在金黄的深秋得到了最好的归宿，回归大地，不为埋葬忧愁，只为盼望来年春天欢快的到来。

　　夕阳、星空、落叶不过是生活中极其平凡的景色，但正是这些平凡的奇妙构造了这个五光十色的大千世界。

　　在我们疲惫地奔忙在自己的小天地时，是否注意过路旁那些"平凡"的景色？

　　正是因为平凡，他们才会被忽略，但所有的事物都有属于自己的光芒，都有自己的美丽，等待着被有心之人发现。

　　人也是一样，在平凡中默默地发光，也许不引人注目，但他平凡之后隐藏的却是一份执着，你可曾为风雪中的清洁工而感动？你可曾注意过那些早出晚归努力工作的司机？你可曾去问候过那些埋头苦干在农田里辛勤劳作的农民？那些坚强执着坚守岗位的劳动者为何不能在我们心中留下一个难忘的投影？

　　我希望，我们能够多一些善于发现的心，去感受美，发现伟大！

别 害 怕

陶 洁

如果你为错过太阳而哭泣，你还会错过星星。

——题记

我们每个人都会害怕去尝试新的事物吧！因为你害怕会遇见新的困难。但是，永远都别害怕新的困难，因为那成功的喜悦会让我们找到生命的真谛。

困难就像那刚刚熟透了的柿子，苦涩而又酸甜；

困难就像走上山顶的那条路，崎岖而陡峭；

困难也好比那层云雾，而穿过层层云雾之后迎接你的，将是那美丽而又神圣的彩虹。

华罗庚仅初中毕业，五年里自学了高中和大学初级的所有数学课程。安徒生出生在贫民区，父亲是一个穷鞋匠，他开始仅仅是一名剧院的小配角，因为声音不够圆润他被辞退了，然后他就开始了他漫长的写作生涯，可刚开始他的写作生涯也不是很顺利，他却并未放弃，终于，他成功了！林肯的童年是"一部贫穷的简明编年史"，他的父亲是一位鞋匠，在这期间他经历了重重困难，他为美国做出了巨大的贡献。爱迪生为了研究电灯，试用了接近一千六百种材料进行试验，最终他成功了。

　　成功路上的困难，就好像一节一节的台阶，虽然台阶很陡，但是只要我们一步一个脚印的去踏，我们就一定会登上那成功的顶峰。

　　如果我们将知识看作一座高山，而我们就是那探索知识的人。一群人来到了山脚之下，他们静静地看着高耸入云的山峰，眼中充满了恐惧，他们认为它很遥远，就不再尝试去努力攀爬，他们就只待在了山脚，这就是不愿努力不愿思考的人。正在这时，另一群人也来到了这座山的山脚之下，他们也静静地望着那高山，他们认为"这并没有什么难度"，他们开始攀爬，爬到了半山腰他们歇了下来，他们从高处向下望去，认为自己已经爬的够高了，于是就停止攀爬。这些就是，有些小聪明但却不肯一直努力的人。就在这个时候，另一群人也静静地望着那座山峰，他们的眼中没有恐惧，没有狂妄，有的只是那坚定。他们开始向上攀爬，他们一直一直往上爬从未停歇，直至巅峰！

　　这就是不断努力不断自我超越的人。

人在遇到困难的时候，习惯性的反应就是采取消极的态度去面对，变得保守退缩，甚至去逃避，于是就把心力放在如何减少损失之上，心生退意，不再抱着希望。然而，只有积极的行动，才会让我们重新启程。有些事情之所以不去做，只是因为他们想当然地认为很困难，其实很多困难只是盘踞在人们的想象之中，只要拿出勇气去试一试，也许你很快就能排除想象上的困难。

困难是走上成功的阶梯，信念是成功路上的明灯，奋斗是成功路上的钥匙。

忍，塑造了既儒雅又豪放、旷达而又坚强的苏轼，无论生活多么艰难，甚至被一贬再贬，他却仍然昂首挺胸，走得铿锵，笑得灿烂。但是，既然选择了忍，那无疑是要面对更大的困难，走更加荆棘的路。但是，在面对重重压力之下却恰恰为他积累了更多的素材。"一点浩然气，千里快哉风。"

礁石可能会阻碍船只的前进，但大海可能因为没有礁石而单调。

石头容易将人绊倒，但大地可能会因为没有石头而孤单。

困难可能会使人节节败退，但人生可能会因为没有困难而变得不完美！

困难永远只能吓倒懦夫、懒汉，而真正有智慧的人会选择迎难而上。

永远别害怕新的困难，人生因有困难而精彩！

让我着迷的书

面 对 挑 战

刘 云

　　我站在门前,面前是一条冰封的小溪,两岸白雪皑皑,黄的花、绿的草都在雪的遮蔽下;一颗颗高大挺拔的树木也都绿叶换白装,几个孩子在林间嬉戏,试探着雪层。远看去,大地仿佛披上了一层雪白衬衣,一副银装素裹的做派,几个黑点在地平线上缓慢移动,偶有几只鸟在夕阳的天际划过,好一幅典雅清丽的山水画!突然间,平静被一声刺耳的啼哭打破了。原来是一个练习滑冰的孩子扭伤了脚,此时正边哭边咒骂着呢!我忙上前轻声安慰他,还不时用手轻拍他的背。他的哭声渐止,可我的眼却朦胧了,啊!这一幕,是何其的相似,多么的熟悉……

　　拿起笔慢慢地勾勒出昨天,我仿佛又一次回到那个深深刻在我脑海深处的场景,永远不会忘记的那个骄阳似火的下午。

那是个闷热的让人烦躁的日子。我站在石路中，它直通高耸入云的山顶，最终隐没在天际。回头看，一片看似茂密却低矮的丛林。我想笑，最终却哭了出来，泪水和汗水夹杂在一起浸透了衣襟。

山峰变得可望而不可即，上山前的豪言壮语早已变成谎言破碎了一地。

前进的道路上遍布困难，似乎，回头向下才是我的归宿。我的嘴角扬起苦涩的笑容，体力和精力都已耗尽的我只得放弃，一步一步将自己的胜利抛弃。

"真的要这样吗？"一个声音在我的心底响起。我顿住脚步，想起过往。在一次次挑战面前，因为懦弱和胆怯，我不曾尝试就选择了逃避，将胜利从指间放走，用泪水来掩饰失败。

泪水又一次从我的脸颊滑过，我忙拭去泪水，让笑容洒满我的脸。

我重新踏上上山的道路！尽管前方充满未知……

回忆中的昨天，早已远去。

迎接我们的，是一个又一个接连不断的挑战，战胜它，你就是赢家！

远看去，已是满园春色！

战 胜 困 难

陶欣欣

困难对我来说就像弹簧一样,你强它就弱,你弱它就强。

所以,永远不要害怕新的困难,因为你如果逃避他,畏惧他,那么等待着你的将是无止境的责骂;但是,你要是勇敢地去面对他,克服它,那么迎接你的将是胜利的喜悦。

去年暑假,家里重新装修。

一天中午,爸爸妈妈和工人叔叔在一个小屋子里吃饭。我一个人溜达到刚翻新过的房子里玩,转了一圈后觉得无聊至极,看了一圈后,我的眼神落到了电视上。可电视前倚靠了一张床。那是刚刚做成的一张一米八宽的大床。可是这床放在这我看电视也不方便啊。在我绞尽脑汁,冥思苦想后,终于想出了一个极好的办法:把床搬走。

　　我仔细打量了一下床，心想应该也不会太重。可是当我把床立起来后，才知道了自己的想法是多么愚蠢。我根本就扶不动这张床，我的身体随着这张床左摇右晃，重心不稳。正所谓：祸不单行，福不双至，这张床居然开始往下滑，这可把我吓坏了。我赶紧用脚抵住床的边缘，又使出吃奶的力气，把床稳定住，可床还是在慢慢下滑。这时的我早已吓得半死，大声喊妈妈，想要寻求她的帮助。但是她大概是吃得太尽兴了，在我大声喊叫了十几声后居然不理我。唉，看来只能靠自己了。

　　这时，我的脑海里浮现了法布尔的一句话：把精力放在一个焦点上试试，就像透镜一样。对啊，我可以一点点挪啊。我的心慢慢平静下来。然后，我先把床慢慢地放在电视上，但是床还是在往下滑。无奈之下，我用一只手和一只脚控制住床，然后再用另一只手去够远处的板凳，再把板凳慢慢地移过来，放在床前，抵住。然后我再慢慢地松手，自己再全身而退。最后，再确定床不会下滑后，一种胜利的喜悦在我心底洋溢。

　　虽然我的手在这次移床过程中磨破了，但我却明白了一个让我受益终身的道理：永远不要害怕新的困难，遇到困难，一定要努力去战胜他，去感受胜利的喜悦。

读懂自己

陶 虹

　　夜晚，独自俯瞰明月，伴着秋风细雨，总想有人能触摸自己内心的柔软，能读懂自己眼里的悲伤……

　　我渴望遇见另一个自己，她能陪我度过每一个孤独的夜晚，倾听我诉说的每一句辛酸，给予我每一次渡过难关的勇气。

　　这种愿望一直伴我入眠，潜入我的梦中。

　　我梦到那年夏天的毕业考试，我因发烧而在考试中头晕目眩，眉心疼痛难忍，脸颊火辣辣的。

　　语文、数学、英语、品德……我稀里糊涂地结束了一天的考试，拖着疲惫的身躯回家，而家中却没有我所期待的笑脸与欢迎——爸爸妈妈都在工作。在我最无助的时候，家中的冷清无疑是雪上加霜。

　　生病的疼痛感，没有家人关心的孤独感是我崩溃。我泣不可抑，却毫无意义。

"别哭了，坚强点。"那温柔的声音似幽香，沁入我的心脾，抚慰着我满目疮痍的心灵。我没有力气抬头看，只是呢喃着："我好难受。"

"你在难受什么，如果是生病难受，那就不该哭，哭了岂不更难受。"她的话我无法反驳。

"你若是难受于爸爸妈妈没对你嘘寒问暖，那更不该哭，他们在为你们这个家庭有更好的生活质量而打拼，你应该感恩！"

许久，我都未吱声，噙着泪水，头比之前更低了。也许我在愧疚，也许不是，梦中的感觉没有那么深刻。

记忆中那温柔的声音再次响起："不要用仅有的力气来哭泣。"

渐渐地，我醒了，但她说的那些话，却清晰地回荡在我的耳边。

我起身向窗外望去，皓月当空，可那北边的北斗星辰却比皎月还耀眼。

那晚，我遇见了另一个自己，那个"自己"就是我人生中的北斗星，让迷途中的我找到了方向。

一路书香

沈 雪

也许有人会说，阅读不是很好吗？让我们跟上时代发展的脚步。我觉得，阅读能让我们满足一时的需求，阅读适合的口味，能使人一生受益。

走进《钢铁是怎样炼成的》，我们深深地体会到主人公保尔的坚强毅力。走进《简·爱》，我被简·爱那种真挚所激励。走进《名人传》，我被贝多芬和托尔斯泰那苦难和坎坷的一生顽强不屈所叹息，为他们的高尚品格和顽强精神而折服。领略李白的"安能摧眉折腰事权贵，使我不得开心颜！"我深深感受到尊严二字的伟大。深深品味李白"仰天大笑出门去，我辈岂是蓬蒿人"，我被李白的精神所影响，在今后的人生道路上我自信面对，乐观挑战。读文天祥"人生自古谁无死，留取丹心照汗青"，我领悟到"生的伟大，死的光荣"的真正含义和价值，促使我在人生道路上奋勇前进，活的更有价值。

　　深层次的阅读影响了我们的发展，让我的生活更加充实。

　　走进《假如给我三天光明》，我体会到海伦·凯勒内心的那份乐观，那份执着，那份坚强。每当失意时，想起书中主人公的事迹，它帮助我走出失意，以一种新的姿态面对生活，迎接挑战！

　　深阅读让我受益无穷，让我品味到生活中的点滴。

　　少年因书香而快乐，少年因书香而精彩。

　　记得艾青的诗说，"为什么我的眼里含着泪水，因为我对这片土地爱得深沉！"而我要说，"为什么我的眼里含着泪水，因为我对读书爱得深沉！"

　　一路书香，我仿佛走进荷香四溢的湖畔；

　　一路书香，我欣赏到无限的风景；

　　一路书香，我走进了漫天星辰的夏夜；

　　一路书香，助我在人生的道路上勇往直前。

　　书香伴我，洒下一路梦幻，风光无限。

书香四溢

张 榆

有一种神奇让我着迷,它使我深深陶醉其中。它有一种非凡的魔力,令我深陷其中。它是神奇的,也是平凡的。它包含了世间万象,让我们了解了许多,它就是书。

读书,愉悦心情,陶冶情操,丰富知识,增长见识。"读书破万卷,下笔如有神""书籍是全世界的营养品""读书使人充实""光阴给我们经验,读书给我们知识"书带给我们快乐。

多读书,读好书,好读书。书是滋味甘醇的美酒,让人回味无穷;书是色彩缤纷的花园,让人流连忘返;书是意境深远的国画,让人陶醉其中。茫茫书海中,挑选几本好书,静下心来品读,你会发现其中的魅力,会发现它与众不同的美,会品味到人世间的另一份快乐。

一盏明灯,一杯清茶,与书为伴,足矣。捧一本《唐诗三百首》，我细细品味，沉迷其中。我感受到李白"天生我才必有用"的自信，柳宗元"独钓寒江雪"的高洁，王昌龄"不破楼兰终不还"的悲壮，王维"但去莫复问，白云无尽时"的无奈，刘禹锡"沉舟侧畔千帆过，病树前头万木春"的达观。

翻开宋词，我体会到"大江东去浪淘尽"的豪放，"小桥流水人家"的婉约，"无可奈何花落去，似曾相识燕归来"的感叹，"寻寻觅觅，冷冷清清，凄凄惨惨戚戚"的悲凉，"争知我，倚阑干处，正恁凝愁"的乡情。

唐诗宋词，洋洋洒洒，蔚为大观。

读《明朝那些事儿》我思索着一个王朝的更替，目睹了中华文化的璀璨，也体会了历史的残酷。品《朝花夕拾》我看到了鲁迅先生温馨的回忆以及他理性的批判。看《狼王梦》我品味了一场荡气回肠的盛宴，明白了动物也有人性。读《鲁滨孙漂流记》我为鲁滨孙的精神所折服，学习他积极乐观的心态。

读书，让我着迷，让我有正确的世界观，让我思索人生的意义，让我明白人生的价值。这种神奇，伴我一生，让我一生着迷！

"文章千古事，得失寸心知。"

让我着迷的书

杨懿娴

从小爸爸就一直教育我说:"书到用时方恨少,事非经过不知难。"我不知道那是什么意思,但爸爸总是在说完这句后,就把一堆没有任何色彩的书放在我面前,让我看,我不情愿地打开了书。我当时不知道,爸爸这一举动会给我以后带来多深远的影响,但我隐约感觉到我好像以后离不开书了。

长大了,我真正地爱上了书。畅游在书的海洋里,我可以感受到简的坚强与自尊,可以感受到苏轼的豪迈和他无垠的心胸,可以感受到高尔基的革命激情。读每一本书,我都会情不自禁地进入另一个世界,和书中的人物一起哭,一起笑,每一次的阅读,都会使我丰富自己,接受心灵的洗礼。

书里的世界是最美妙的,书中的智慧是最无穷。畅游在书的海洋里,我可以感受祖国的名川大山,那一幅幅景象经过生动的描述,语言的魅力,好像已呈现在我们面前。这一切让我有一种快感,不同的文化和景象可以在书中这么直观的看见,让我可以饱览,让我丰富知识。我像一匹饿狼,把书中的知识无尽的索取。

　　书可以让我真切地感受到学海无涯,让我学会了怎样去思考,让我不断地进步,不断地超越自己。

　　"生活中没有书籍,就好像没有阳光。智慧里没有书籍,就好像鸟儿没有翅膀。"引用莎士比亚的一句名言,让我们知道了书的重要性,我很高兴我能与书走过这么多个春夏秋冬,现在书让我着迷。

关关雎鸠

陶欣茹

曾几时，花香氤，书墨色，辗转轮回。

"关关雎鸠，在河之洲。窈窕淑女，君子好逑。"路过一户人家，听见银铃般的声音从一个孩子口中传出，这诗也许是他从妈妈那儿学来的吧。稚嫩的童声，激荡着我的思绪，想起自己也曾牙牙学语，那清脆的声响在风中飘散如斯。

几年前，曾在某个地方听闻，从此便记住了一个名字，《诗经》，简单质朴中散发出古韵幽深的味道。亦是无意中，得到接触它的机会，扉黄的页面。啊，让人念念不忘的字句，无不透出遥远的年代里绵绵不尽的质朴情思。

如今再品"窈窕淑女，君子好逑"，已有种淡淡的温热，那是一位庶民对心爱之人的执念，他的勇敢让女子如此幸运，只得一人心，愿与卿相诉。

那时是个战乱的年代，那些为后人所传唱的，便是存留在乱世中的一抹柔。

"死生契阔，与子成说。执子之手，与子偕老。"卫国的风吹着，那名被迫入了乱世的士兵面对生死时吟诵出这首小诗。明明是一首反战诗，于后人却也成了相濡以沫的诺言。这短短的十六字和着风儿，字字珠玑。

战乱之年丢弃的诺言并非我愿，征者与妻子之间的爱，情真意切唯恐情深缘浅。"于嗟阔兮，不我活兮。于嗟洵兮，不我信兮"，此等无奈，亦因分离。

乱世之秋，雾散霜浓。

深秋的早晨，水凝成霜，茂盛的芦苇染着秋色，我所爱的人啊，此刻就在对岸。"蒹葭苍苍，白露为霜。所谓伊人，在水一方。"可是我又该如何去寻她呢？

那些如水中秋叶的诗，浸染着我的思绪，一点又一点，蔓延着细腻。

现世静好。

阳光微斜，凉风拂过的午后。林中的鸟儿，欢快地唱着；天上的闲云，悠悠地荡着；摇曳的野花，肆意的舞着。忽而一声莺啼，巧笑倩兮；忽而一曲清歌，美目盼兮。绿草赠你以柔软，行走其中，衣袂飞扬，裙色淡融入景，亦是"有美一人，清扬婉兮"。

闲适的午后，没了乱年纷扰，没了生死离别，多了一缕阳光，不偏不倚地洒在正好的年华，以微笑品味生活。

我还有阳光，用澄澈品读年华。

任它扉页枯黄，终究两不相忘。

池塘的四季

陶水琴

我喜欢池塘,无论什么季节的池塘,我都喜欢。她给我的形象和记忆,永远是美的。

春天的小塘,美在一个"动"。它像一条变幻不定的绿绸,绿得那样美,那样纯,阳光映照之下,掠起粼粼波光,如飞龙,似碎金,每一片小光斑都有一个小小的精灵在闪烁,在颤抖,在伸缩。水面平静的时候,小池塘就像一面宝镜,映出蓝天白云的秀姿,微风吹来,水面泛起层层涟漪,像是鱼神娘娘在抖动她的锦衣。

而夏天,就更是别有一番风情了。雨后的池塘放眼望去,就像一幅水墨画,露珠子在荷叶上滚来滚去,像星光一样闪烁着,像孩子一般调皮。荷花以自己的怒放而展示它全部的诱惑,伴有几只蜻蜓在荷叶中嬉戏,玩耍。

当田野染上一层金黄,各种各样的果实摇着铃铛的时候，池塘，似乎也像长大了的孩子，显得成熟。看！池塘的水真绿啊，仿佛是一块无瑕的翡翠，涟涟秋天，给人几丝凉意，池塘上，零星地散着几片残荷，叶缘已发黄，但颗颗晶莹的水珠却调皮地藏在上面；残荷下，红色的金鱼漫游其间，两旁的枫树，落下斑驳的影子——黄，绿，红，白，黑！

冬天来了，池塘也穿上了"棉袄"——冰。在这件透明的"棉袄"里，我们可以看见小鱼儿的生活；在这件温和的"棉袄"里，小鱼儿可以快乐地成长。

啊，池塘，我爱恋的池塘啊，你一年四季常在我的眼前流动，你给我的生命带来活跃，你给我的感情带来滋润，你给我的思想带来流动。在高楼大厦的城市，我们的相逢是多么稀少！只希望日益增多的绿色，能把你请回我们的生活之中。

啊，总是活泼而使人爱恋的池塘啊！

萤火虫

毛云云

萤火虫,慢慢飞,夏夜里,风轻吹,怕黑的孩子安心睡,萤火虫燃烧小小的身影,为夜晚的你照亮方向。

记忆中,这首歌一直是外婆唱给我听的催眠曲,总是和月亮在一起的,温情中带着蒲扇的凉意。

今夜一缕轻柔的月光又洒在桌台上,桌面宛若镀了一层银色,现在该是满月的时候,门外的月色一定很美。

推开门,便与凉凉的月扑个满怀,点点银白的灵动的光,似在草丛里飘动,细看,草丛里果然有萤火虫挥舞着蓝荧荧的光,点点繁星似的。

我不禁莞尔一笑,难怪今晚的月亮如此安静。

看着这一盏盏飞舞着的蓝宝石,我喃喃道,"嘉尔萤火不自欺,草间光照相煜煜,不为月明见陋质,但为风雨难为光"。他们一个个飞起来了,月下,我看不见他们的翅，却仿佛能听见它们的呢喃，它们三三两两，忽前忽后，时高时低，都轻悄悄的，提着带着弱弱的光一般的小灯笼，虽不及白昼般的照亮世界，只是照亮自己前行的路，便也照亮路人的心了。

这流萤不甘默默，暗夜中发光，纵是微弱，却也昭示着自己的存在。

月色温柔似水，抚慰着世人的心，一些失意的人，想必也能借这弱弱的光，点亮前行的路。

萤火虫，慢慢飞，明灭之间，我的心需要你的光，点亮前行的路。

你我只是"她"的配角

陈州阳

> 满山的绿色被耀眼的白色浪花所遮盖,冬天急匆匆地来了。
>
> ——题记

忽如一夜春风来

"她"摆动着绚丽的衣裙,风中传来一阵阵呼啸之声,仿佛是"她"的脚步,急匆匆的,风刮得越大,犹如"她"奔跑后气喘吁吁。松树依旧是那样的青翠,屹立在风中。枯黄的叶子被风吹得簌簌地落下,飞远了,似一只只载着梦的小船。风儿在咆哮,惹得人们只能站在窗前欣赏着无比粗犷的风;伸出双手尽情地摇着树杈。直到,风不再那么暴躁,人们才会走出来感受风。

千树万树梨花开

不知"她"从何处捡起一条红色的丝巾,攥在手中,挥舞着。丝巾上的白花似乎活了一样,跟着"她"旋转,缓缓地从空中落下。忽而又奋飞而起,打着旋儿飞远了,忽而又回来。落在树枝上,将白雪下的枝丫打扮得犹如一个个出水芙蓉一般。雪是清凉的,不知是哪一个调皮的孩子,突然用皮球抛向树顶,却急忙去捡,怎奈红丝巾落了他一身。小脸冻得红彤彤的,却站在那儿一动也不动,痴痴地笑。不知何时雪花从天而降,落在行人的肩上,落在地面上,薄薄地雪印出大大小小的脚印,仿佛是一幅抽象的画。

天地间,雪花才是当之无愧的主角,纷纷扬扬,肆无忌惮。

"她"是冬天,"她"急匆匆地来临。

不亚于春姑娘的温婉,你我只是"她"的一景,你我只是"她"的配角而已,我爱冬天。

我 爱 春 天

樊李玮剑

住在乡村，我可以很荣幸地成为春姑娘的第一拨观众，最自豪的，就是我可以第一时间近距离感触春天的到来，虽然，我不是春江之鸭。

小 路 林 荫

早晨，春天的阳光格外温暖。推开窗，我可以肆意阅读乡村田野，推开门，我就和春风撞了个满怀，踏上那段凹凸不平的小路，没有钢筋水泥的丛林，真真切切的都是泥土的清香，小路边，高大的松树与杂乱的藤蔓相拥多年，盘虬卧龙一般。羊肠小道边，花花绿绿的小花隐在草丛中，与细长的草儿争抢着阳光。小路弯弯曲曲，仿佛无限极延伸，我的脚步也可以到达目力所及的地方……直到最后，我带着满身的疲惫回到原点，满足。

清湖桥影

太阳渐渐爬高，圆盘似的，虽然刺眼，却还算不得是烈日。趁着大把的时光，躲进斑斑点点的树荫下小憩。一阵呐喊声将我从迷蒙之中唤醒，是村里的渔场主，且把他们唤作渔民吧，强烈的好奇心驱使我跑上船去一探究竟，可当我踏上渔船的那一刻，我便将渔民的事忘得一干二净了，因为我被这湖水深深吸引住了，湖心之中，圆形的涟漪，一圈圈荡漾开来，圆规也画不出来的规则！很远处，一群鸭子，或是鹅吧，或游或停，仿佛也在享受春日午后的温暖……

夕阳晚归

每天都似燕子似的飞出家门，却不似燕子似的自觉归巢，直到母亲出来唤我了，这才恋恋不舍地告别夕阳。回转身，余晖照在一排乌黑的瓦片上，照在姹紫嫣红的小路边。几家的烟囱开始表演了，炊烟袅袅，弯弯曲曲，画家的作品一般，我的心里却在抱怨着母亲的"瞎勤快"，为何不迟些做饭，我好多玩些时候啊……

归途中，几个熟悉的邻居，对着我大声地打着招呼，邀我同行。

我也要大声地告诉他们，我爱你们！我爱春天！

你，一幅美丽的风景画

孙雨欣

时光如水，风景依旧，物是人非，少了陪我一起欣赏美丽风景的你。

望着窗外飘落的树叶，我知道秋天来了。

秋天，是容易使人顿生思念的季节，看着叶的飘落，这一切都让我感到寂寞的时候，想起了你，你是我的朋友，一个对我来说很重要的朋友。印象之下的你，永远是马尾辫，穿着不太花哨的服装。你从来都不哭，很优秀、很美丽，同时，在你大展拳脚时，我也改变了许多，你优异的成绩，鼓舞我对学习也充满兴趣，即使成绩依旧不尽人意。你的节约告诉我父母赚钱很辛苦，你有很多优良品质值得我去学习。

你就是我心中的高标。

儿时的回忆里，有你也有我，我们总是形影不离，虽然偶尔也会拌嘴吵架,但过一会儿也就和好如初,和从前一样,又在一起快乐的玩耍,聊着聊不完的话题,玩着玩不厌的游戏。

你看,我们在一起多么快乐。后来,妈妈劝慰我,你要去外地上大学了,我们要分开很久了,我才小心翼翼地拾起从前的点点滴滴。

我很自私的希望我们永远在一起,永不分离。

时光飞速流逝,带走我和你之间的快乐的记忆,却示我以种种高尚而朴素的品质,比如节约、孝顺、勤奋、自尊……

我和你的回忆,正如一幅画,我愿将我们的快乐回忆定格在哪里。

时光如水,风景依旧。

姐姐,我又想你了!

熟悉的梦幻

徐 莹

梦幻的东西，大部分都是虚拟的或是遥不可及的。但是，有些梦幻的东西却是我们彼此都熟悉的，但却是那熟视无睹的美丽……

晨风习习，琼枝带露，又是一个梦幻的早晨，那乳白色的浓雾在这天清晨开始了她的舞蹈，她给大地盖上了一层轻盈的白纱，极目四眺，看不见远方的事物，只有那"白纱"在眼前分外清晰，我真想抓一把在手中，或是拥入怀中。

背起书包，走出家门，一阵凉意袭来。

多情的雾，正在抚摸着我的脸庞，为我着整理额前的碎发。

四周是白茫茫的一片，在这大雾天，或许大雾会遮挡远处的景，可我并不在乎这些。

浓雾在不经意间变化着，变成了一颗颗晶莹的小水珠，挂在我的发梢，挂在我的睫毛上，微微打湿我的衣袖。

水珠落在小草上，花苞上，小树上，她们尽情地熟悉着甘露，在大雾中，深深呼吸……

太阳出来了，大雾渐渐消散，她的舞步似乎也渐渐休止，我拼命地想留住它，留住这熟悉的梦幻，可是那梦幻的舞者还是走了，只留下了翠绿的小草，盛开的鲜花，茁壮生长的小树，还留下了那灿烂的阳光。

她来的梦幻，去的也令人感伤，我却永远记得她，记得那熟悉而又梦幻的美。

雾，美丽而又梦幻的舞者。

乡野秋韵

奚宇珩

伴随着夏的脚步渐行渐远,秋的纤手终于搭上了家乡的肩膀。

小镇的乡野,把秋的气息,秋的色彩,秋的内涵诠释得淋漓尽致。

家乡的秋韵像一曲舒缓,悠扬的古典音乐,让你时时感到一种温情。

清晨,打开窗户,呼吸着那种扑面而来的清新,你会觉得神清气爽。空气里仿佛还弥漫着隐隐约约、若有若无的幽香,不用猜,一定是院子里的桂花开了。推开院门,映入眼帘的是爬满院墙的那纯白的,浅蓝的,紫黑的牵牛花。五颜六色的花朵,衬着灰褐凝重的墙壁,简直就是一幅浓墨重彩的油画。

出了村口,是一望无垠的原野。在一片橙黄的菜地上，偶尔冒出几点青绿，分外吸引人的眼球。看到它，心里便莫名的舒畅，像已经穿越了冬季，看见春天绿色的眼眸里闪过希望的影子一般。

村外的池塘，一下子安静了，木筏静静地躺在水面上，时有火红的枫叶从水面漂过。池塘边嘻嘻哈哈洗衣服的姑娘少了，而鸭子却比以往多了，也难怪，没人的时候，这里就是它们的乐园，忽然想起"因思杜陵梦，凫雁满回塘"了。

远处传来了一声清凉婉转，拖着长长尾音的歌，和着潺潺的流水声，格外悦耳动听。

村子尽头那郁郁葱葱的树林，仿佛在静穆着，沉思着。当秋风纤细的手指抚过枝丫，轻微的"沙沙"声里，稀疏的枝叶中，又晃晃悠悠地飘下一片片或银灰或橘黄的叶片，如同一只只翩翩起舞的彩蝶。地上已经积了一层厚厚的落叶，像是铺了一层厚厚的黄地毯，踩在软绵绵的"地毯"上，口中吟着范仲淹的"碧云天，黄叶地，秋色连波，波上寒烟翠"，真是"别有一番滋味在心头"啊……

秋的气味是这样芬芳，秋的色彩是这样灿烂，秋的声响是这样悦耳，那清香的桂子，那蔚蓝的天空，那温和的阳光，那缤纷的原野，那莽莽的树林……

那流淌在乡野中的秋之韵，你读懂了吗？

思念的凄美

孙启敏

"喂，宝贝！"电话那头传来熟悉的问候声。电话这头传来一阵阵的抽噎声："妈妈，我想你了……"电话那头的声音如刀割般颤抖："宝贝不哭。妈妈……妈妈明天就回来了……"她还想说些什么，只听见电话挂断的"嘟嘟"声。她转身趴在床上哭泣。她明白"明天"的含义就是遥远，谁知道还要等多久呢？

妈妈，请你回来吧

第六个元旦过去了，很快她又要长一岁了。奶奶望了望快见底的菜缸子，说："跟我去田里挖菜，明天做泡菜。"又是明天，她想。她摇了摇头，奶奶给她烫一杯牛奶，就自己下田去了。她喜欢喝牛奶，奶奶刚走，她就着急的爬上桌子拿，却不小心碰倒了热水瓶。热水烫到了她的胳膊，起了一个泡。她却一声也不响，默默地忍受着，毕竟家里没人，哭给谁听呢？奶奶回来时，只是一个劲儿的地懊悔自己的疏忽与着急。晚上，她又给妈妈打了一个电话，电话里繁杂的声音吵得她听不清妈妈在说什么，几分钟过去了，又是熟悉的嘟嘟声。她反应过来，冲着窗户外面的月亮喊："妈妈，我受伤了，想你了，你快回来吧！……"

新年礼物

过年了，她很高兴。听爸爸说，妈妈要回来了，她有一个妹妹了！她拿出以前的画——画上只有她和爸爸、妈妈，她又在上面添了几笔，一个小人儿夹在了她和妈妈之间。不一会儿，妈妈回来了，她跑去迎接时，看见了她家的新成员。瞧，小宝宝正睡得香呢，小脸白嫩嫩，肉嘟嘟的，真是个可爱的小姑娘。"感谢上天送给了我一位小天使，以后妈妈回来，终于有人可以陪我了！我会照顾好她的！"

故事中的"她"就是在思念中成长起来的我，这不仅仅是一个故事，却正是我藏在心底的真事。

对妈妈的思念，虽然凄美，但也是我心中最美的风景。

家乡的小溪

沈贝贝

生活中充满了美景,青葱的树木,巍峨的高山,茂盛的小草,五彩的花儿……但我最喜爱的还是那家乡的小溪。

不同的季节,小溪有着不同的美,小溪的美是独特的。

春姑娘迈着轻盈的步伐来了。小草睁开蒙眬的睡眼,从泥土中钻了出来,花儿也舒展着懒腰,他们一起,为小溪编织了一个五彩的花环。溪水中的冰雪,有的还尚未融化,小溪自西向东流,发出泠泠的响声,从北方南归的燕子叽叽喳喳地叫着,蜜蜂也在嗡嗡的忙着采蜜,它们一起,合奏了一首春的赞歌!

夏天也轰轰烈烈的来了。夏雨是繁多的,热情的,溪水猛涨。溪水,经过太阳的暴晒变得暖洋洋的,当天空只剩下一道残阳，孩子们迫不及待地跳进小溪，尽情地冲洗着一天的汗水，他们你泼我洒，欢快地笑着。小溪里传来一阵阵银铃般的笑声。

秋姑娘迈着优雅的步子来了。她给人们带来了丰收的喜悦，渔民们起了个大早，将渔网布置好，经过良久欣喜而焦急的等待，收获了一网沉甸甸的果实，在夕阳的照耀下，水面波光粼粼，渔民的脸上也洋溢着丰收的喜悦。

冬天到了。树木换上白色的衣裳，大地披上了白色的毯子，小溪也穿上了银纱，整个世界都是银装素裹。孩子们在小溪的两旁，打着雪仗，堆着雪人，滚着雪球，空气中洋溢着快乐的味道。

春的生机，夏的热情，秋的丰收，冬的宁静。

小溪的美是令人着迷的。

我爱你，家乡的小溪，你的美令我深深着迷！

身边的风景

那个给予我生命的人

陶心怡

在这个丰富多彩的世界里,好像没有什么物质比生命还重要了吧!生命是有限的,是短暂的,是幸福的,是充满活力的。

那个给予我生命的人就是——我的母亲。

母亲的长相很平凡,个子不高,矮矮的。我听过关于我母亲小时候的故事,也因此知道母亲个子矮的"小秘密"了。我的母亲中等身材,生着一张"娃娃脸",淡淡的眉毛下有一双大而明亮的眼睛。小而高的鼻梁,但并不是很"灵活"。还有一张樱桃般的小嘴,红润润的,极其漂亮。

我的母亲从小到大都没有做过重活,现在是一位家庭主妇。有很多了解我母亲的人都说她脾气很糟糕,但她的内心却是无比的善良。说句真话,有时候我也受不了我母亲的脾气，从小到大的我并没有和母亲顶撞过什么，我在她面前一向是很乖巧听话。只此一次，我所用的方式，行为举止都不对，还说了许多重话。因此，她生了好久的气，一直不肯理我，我真诚地向您道歉，"对不起，妈妈。"

母亲，您是给予我生命的人，是含辛茹苦地拉扯我长大的人，是我生命中最重要的人！记得您对我说，"我头发白了好几根了，都是被你们父女两个气的。"当时我很开心但也很委屈，不过没关系，只要母亲您开心就好！

以后我会乖乖听话，考个好的大学，那将会是对你最好的报答。

因为您是那个给予我生命的人。

那个最爱我的人

陶梦雨

> 一个人总在仰望和羡慕着别人的幸福，一回头，却发现，自己正被别人仰望和羡慕着。
>
> ——题记

我，一个平凡得不能再平凡的人。当然，和所有人一样，我有一个家，一个"支离破碎"的家。因为我的父母离异了，我并不怪他们，我愿意和父亲一同生活。

要是哪天你见到一个个头很高，黝黑皮肤，大眼睛挺鼻梁的中年男人和我走在一起，那么，他无疑就是我的父亲了。

他很温和。每当我嚷嚷着要买零食时，他总会很慷慨大方的带我去狂购；每当我做不好事情时，他总会安慰我、鼓舞我。

他也很苛刻。初中以后我的成绩一落千丈，他很揪心，对我的期望总是很高，对我的生活习惯也很苛刻，无奈可我玩性很大，也很任性，总是我行我素。

他很善良。每次去街道上遇见乞丐，他总会给我些许钱，公共汽车上，也会给需要的人让位。我喜欢他的善良。

他也很爱很爱我。他会为我做许多事，无论什么事都会为我着想，会替我想好未来，他总是把我放在第一位，手机密码也是我的生日。

他爱我，毋庸置疑。

我有很多缺点，但是，我很爱他。

我爱你！沉默的父亲！

与你为邻

张红艳

傍晚,窗外早已是繁星满天,小星星的眼一眨一眨的仿佛又在预示着明天又是一个晴天。月光像水一样,温柔地倾洒在地上,路灯也挥洒着昏黄的光,我的窗口透出白亮的灯光,笔尖发出"沙沙"的声音。

指针指向了九点整,"吱呀"一声,门又在这个时候打开了,你的手里端着一杯牛奶,笑盈盈地看着我说:"别写了,先歇歇吧,喝杯牛奶,就去睡觉吧。""哎呀,你烦不烦啊,又来打断我的思路,还'别写了,先歇歇吧',你又不用写作业。"我的火气"蹭"的一下就上来了,对你好一顿"劈头盖脸"。

你一下愣住了,脸上的笑容瞬间掉了下来,黯然垂下眼睛,轻轻放下牛奶,退出门去,并为我关好了门,脚步轻轻的。

待我写完作业关上书房的灯时，我发现你还没有睡，我坐到你的身边说："妈妈，我睡觉去了。"你似乎已经忘了刚才那件不愉快的事情，一如既往的替我整理好被子。

一天又一天地过去了，我心里一直对那件事耿耿于怀，一直想找时间向你道歉，可是骄傲与自尊使我低不下头来，开不了口。你本就是一个不记仇的人，或许你早将那件事忘了吧。

事情又并不是这样，那天我和你一起去逛商场，你突然开口："对不起，我那天没敲门，突然进去打断了你的思路，后来做出来了吗？""做出来了，应该是我对你说对不起，我对你发火还对你大声吼叫，对不起，妈妈。"我的眼里夹满了悔恨的泪水，你说："哪个当妈的会和孩子作对啊，女儿没睡觉，妈妈又怎么能安心睡觉呢？"

可怜天下父母心，妈妈，我不明白你的苦心，一次次伤害你，你却从不计较。

我就是一株小苗，沐浴着你的爱长大，你的好，你的爱，带给我的是欢心，给予我的是力量。

你对我的爱不是微不足道，而是至关重要。

感　恩

陶欣欣

有一则比赛通知如下：

寻找身边最美的风景！无任何附加要求，只需拍摄出你心中认为最美的风景即可。得奖者可获得重金。

"啊——"小王伸了个懒腰，慵懒地打了个哈欠，接着擦掉眼角冒出的泪水，将视线从电脑上转移到窗外的绿化草坪上。又用手在自己的两只胳膊上互相捶打，顺便捏了两下脖子，向周围的同事诉苦，"再这样下去，我怕是要废了。"

是啊！自从比赛的通知公布出去以后，每天都有从世界各地发送过来的照片、视频，多的数不胜数，都是网友们心中认为的最美的风景。

有将万里无云的天空与一望无际的大海拍摄出几乎融为一体的美感的相片，有拍摄蚂蚁团结一致辛勤搬食的视频，还有拍到了几千年难得一遇的惊人一瞬……

　　小王在从这千千万万的照片和视频中挑选出最美的风景时，不禁产生了视觉与审美的双重疲劳，此时他只觉得眼花缭乱，头昏脑涨，但是工作还是要继续，"加油吧"，小王苦笑着自我安慰道。

　　点开下一个视频，他耳目一新！这个视频很独特，是在公交车上拍摄的。视频内容是一个女孩子站在公交车的投币处，坚持为每一个乘坐这辆公交车的人付钱，有乘客很好奇她为什么要这样做，便上去问其此举的缘由。

　　女孩微笑着向他们耐心解释。

　　原来女孩是个大学毕业生，她即将要离开这座城市了，但这座城市有许多素未谋面的人给予了她很多帮助，让她感受到了极大的温暖，她想用自己微弱的力量回报这座城市，感谢那些帮助过她的陌生人。

　　小王看完这个视频，心里有了极大的感触：一个人，懂得知恩，并且图报，用自己微弱的力量去感谢那些萍水相逢，帮助过自己的人。她不仅拥有一颗感恩的心，且把这份爱传递给了其他人。

　　她才是这个城市里一道最美的风景！

大小之爱

程雨轩

我是一个从不追求完美极致的人。

那是一个夏天,树上的知了不知疲倦的叫唤着,人们却疲惫不堪地走在大街上。就连一直敬业的快递员,也昏了头,不小心将客人的快递送错了地址。

这是一个老爷爷的家,老爷爷出门看见了包裹,是一箱果蔬,他抱回了家。他仔细地看了看,原来是错投了地址啊!他去拿了一支笔和一张纸,一只手指指着那蚂蚁大的字,戴着眼镜的眼睛,眯了又眯,嘴里还不停念叨着:"双环……哦,不对不对……双元?对!"边念叨着,右手边写着口中说出的地址,最后,他拿着包裹和那张"放大"了的地址,骑上了自行车,便向前驶去,骑着骑着,入眼就是醒目的三个大字——"双元路"……

虽然这只是一个举手之劳,但却无不温暖着我,生活中类似于这种事很多，比如：在别人吃完饭后，给他人递一张纸；在坐公交车时，为他人让个座位……

就像我上次坐公交车，因为我来得早，所以坐到了座位，一对母女上了车，我看他们在拥挤的人群中走着，"阿姨，你坐我这吧！"那位阿姨随着声音寻过来，对我微笑了一下，"谢谢你，小姑娘。"

这就是一个简单的小事，每次我做完这些小事后都会有一种莫名的满足涌上心头。我觉得我就是这样的人，我就十分的自我满意，虽然不求人家记住，却给人带来方便。

大的关怀是所有人都重视的，而我重视的却是小的关怀，也就是小的关心与照顾，我们就会互相关怀，世界就会互相温暖。

温暖的硬币

杨 静

这是我的第几次伫立？我已经记不清了。

眼前是一家破旧的小店，早已无人，空荡的大厅，褪了色的暗红漆柱粘满了凌乱的蛛网。恍见一名身着鲜亮的扎着两根羊角辫的女孩怯生生地站在一位身着破烂的脏乞丐面前微笑着。

她手中攥着一枚闪着银光的硬币，在寒冷的大冬天里不断用手搓着，通红的小手摩擦着，红彤彤的脸颊暴露在寒冷的冬日中。她微张着嘴，不断地冲硬币哈着气，白雾在她的唇边升起，使硬币笼上了白色的雾，她笑了笑，向乞丐伸出手，拽过乞丐不断缩回的手，扒开他的手心，将那枚暖了的硬币塞入他的手中。

只听她清亮的话语，"这是第五枚了，对吗？我真幸运，它不是冰冷冷的，对吗？那可真暖和。""嘿，还有这只手套，给你暖和一下吧！"说着，她把脖颈上的手套拿了下来，戴在了乞丐的手上，然后说："再见，先生！祝你好运！我们明天见！"她朝乞丐笑笑，欢快地跑开了，笑声温暖而恬美，直入人心，融化了冬天里的寒冷。乞丐愣了很久，久经风霜的脸上露出了不易明了的神情，感动、自尊、温暖的交织，他抿了抿发紫的嘴唇，颤巍巍地说："谢谢谢谢！"

　　我见过其他的乞丐，抑或施舍者，他们之间却只是冰冷的怜悯，而这不同的方式给予了我不一样的感受，似春风拂面。

　　良久，我徒步走在乞丐的面前，从怀中掏出几枚硬币，哈了口气，用力搓了搓，然后，塞入他的手中。

　　一枚冰冷的硬币牵动了两个人的心，在它的温暖下，闪发出亮眼的银光。

最亮的星

徐琪

满天繁星，总有那一两颗异常耀眼！

那在我生命中的那颗星便是他。

和往常一样，挤在公交车拥挤的人群中。一站到了，上来了一个男孩，高高的个子，白白的皮肤……说实话，他是一个很帅的男生，我正打量着他时，突然他对我大吼，"你踩到我了！"我连忙对他说了句"对不起"。心里却想到不就是踩了一下嘛，有必要这么大声吗？我转过身去，他却又对我吼道："你总是站在这里干吗？难道还想踩我吗？你就不会去其他地方吗？""刷"的一下，我的脸通红，委屈夹杂着气恼，心里怒道：这车厢又不是你家，凭什么对我吼，我和你站在一起，还嫌你污染空气！

站在另一处，我不停地用利箭似的眼神盯着他。他呢，却像打了个大胜仗似的得意地吹了口哨。呸，看他那小人得志的模样，那皮肤像死鱼似的，还有那眼睛贼溜溜的，他那眉毛活像两把扫帚，真不知道我是刚才瞎了哪只眼竟然看出他帅！

到站了，我赶紧下了车，希望早点离开这"是非之地"，可他却阴魂不散地跟着我下了车。我加快脚步，他却叫住我说："请看看你的包吧。"我扭头一看，天呐，我的包被划了一大道口子，所有的"家产"都暴露在外，他又说："刚才对不起，我看见有人想偷你的东西，所以才……"

他对我笑了笑，转身离开了。

阳光下，我读懂了他的帅气。

难忘的感动

夏祉欣

越是黑暗的地方,亮光便会格外的耀眼。

——题记

今天是个好天气,阴了许久的天在今天放了晴。

阳光透过树叶间的缝隙,洒在了地上,洒在了那十字路口。

我凝望着那十字路口,不语。

恍惚之中,宛如时光倒流,把我又带回了那天。

我坐在人行道旁的公园长椅上,望着十字路口前的行人,一拨又一拨在红绿灯前走了又停,停了又走,向着自己的目的地奔波。

我猜想着每一位行人的故事,每个行人的梦想。

倏地,一个扛着大米的汉子进入了我的视线,他皮肤黝黑发亮，打赤膊，下身穿着黑短裤，着一双破旧不堪的凉鞋。额头上布满了一层细密的汗珠，肩上扛着一袋大米，不过这袋大米铁定是越来越少——袋子的角落开了一个小洞，里面的大米全都调皮地"溜"了出来。我不想也不愿多管闲事，我只是一个冷漠的旁观者。

一个女孩儿走过来，白白净净，水灵灵的一双大眼睛，穿着一件美丽的花裙子，笑得灿烂。她急急地说了一句："叔叔，这个袋子好像破了，米都洒出来了。"他扭过头，面露难相："这可咋办！本来就赚不到啥钱，铁定又白忙活一场！"女孩子思量片刻，急忙把她那束发的头绳拆散，任那一头乌黑的秀发随意地披散在她的双肩上，"叔叔，你先用我的发绳把破洞地方系好吧。"小女孩儿微笑着挥手走了。

一阵细风，悄无声息地，吹动了路旁的树叶，吹散了她那头美丽的秀发，缕缕发丝顺着风儿，在空中翩翩起舞，好似一位黑衣舞者，远去的小花裙也微微飘起，宛若一幅美好的油画，她在那十字路口的尽头，消失不见。

需要帮助的人很多，冷漠如我的人也多，而那些拥有热心肠并且真正乐于助人的人呢？

越是黑暗的地方，亮光便会格外的耀眼，更加被世人所珍惜吧。

每次经过这个路口，我都在那儿伫立片刻，方才转身踏上回家的路。

因为，我需要补充阳光……

难忘的小学生活

马晨旭

望着窗外那面在细雨中随风飘扬的国旗,那份鲜艳,何等熟悉!

不禁想起小学的教室里,我曾许多次看到过!那些难忘的事情又浮现在了我的脑海里。

我的小学生涯里,充满了灿烂的阳光,充满了欢声笑语,一幢米黄色的教学楼矗立在校园的中央,正是这一幢米黄色的三层教学楼,给了我们一个良好的学习环境。教学楼正前方,那是我们的乐园——操场。在那橙红色跑道上,洒下了我们奋勇拼搏的汗水,绿茵场上留下了我们的欢声笑语——我们在绿茵场上手舞足蹈、手忙脚乱、洋相百出,那是我们初学广播体操时,可谓"群魔乱舞"!现在想想依旧令人发笑。

在这个待了六年的学校里,有太多难忘的记忆。

我忘不了那个冬天，大雪纷飞之后，学校的水泥地上结了一层厚厚的冰，我和小伙伴一起在冰上面玩，一不留神我摔了一个"狗啃泥"。这冰太滑了！同学们七手八脚地把我扶了起来，我的下巴磕了一个很深的口子，同学们问这问那，十分关切。

马老师背我去医院的路上，我的下巴虽然很疼，但是我的心却是暖暖的。

同学们的关心令我感动，老师们的关爱让我健康成长。记得在五年级第二学期即将结束时，我的英语成绩大幅下降。模拟考试时，我只考了八十六分，虽然李老师没有批评我，但我能感受到她心里的焦急。李老师对我尤为关心，经常出试卷让我做，中午的时候帮我讲评，慢慢地，我的成绩提高了。期末考试的时候，我没有白费老师的良苦用心，九十六分！破历史纪录！老师们的辛勤培育，才让我有了一点一滴的进步。

冬去春又来，难忘我的母校。

望星空，我的小学，你一直是我心中的温暖！

看，天上有只猪

芮婷婷

蒙眬的双眼，才刚刚睁开，脑子里一片混乱之时，一双温暖的小手就想要将我从床上拽起。

"快起来，姐姐，我们一起去买零食好不好？"

哦，原来是弟弟，嚷着要我起床陪他去买吃的，我不理会，接着睡。弟弟使出浑身解数，软磨硬泡地逼我起床，一直拉着我的手不放。最后我只得不情愿地慢慢爬起穿衣。

起床后，看到那刺眼的阳光在窗台上的吊兰枝叶间欢快地跳跃，我才发现：啊，原来早已日上三竿了！

迷迷糊糊的洗漱过后，我和弟弟便去了超市。我的头还是很晕，昏昏欲睡，只记得弟弟看到超市中琳琅满目的零食，眼睛放光的神情，然后我的手里就多了一大袋零食。

弟弟一边吃，一边走，就这样，一路上我们静默着。

他突然一句惊叹，"快看，那儿有一只小猪。"弟弟仰起他那胖乎乎的脸蛋，突然伸出一只粉嫩的小手指向空中，语气里有一种隐藏不住的喜悦。

我眯着双眼，顺着他的目光看，但却一无所获。"在哪呢，我怎么没看见？"

"姐姐，笨死了，看那朵云，不就像一只雪白的猪吗？"哦，原来是云啊。

我抬头仰望天空，在蔚蓝蔚蓝的天空上点缀着一大朵一大朵洁白绽放的云朵，它们在天然的绸缎上肆意伸展着，显现出千奇百怪的形状。

很快我找到弟弟口中说的那只小猪，它正懒洋洋地趴在那里，那憨态仿佛在说："看这儿，朋友！"

我笑了，笑得那么开心。

"我看到了哦，和你长得很像！"

"不，才不像呢！"

一阵清脆的笑声在风里回荡……

好久不曾这样轻松过了。

不知何时，我的目光再也不在云朵中流连，忘记了幼时的天真与欢乐，如今整日在书海中努力地学习，夜以继日地勤奋读书，却使自己疲惫不堪。即使偶得空闲，我也只是希望能在睡梦中偷懒，这简单的生活难道就是我所追求的吗？

我们一直步履匆匆，朝着自己定下的目标奋斗，却忘了停下来，去看一看路旁的美丽的风景。

　　偶尔慢下来，看一看天上的云朵儿，闻一闻花丛中的芬芳，听一听多情的风声，才能活得惬意。走累了，就停下来歇歇脚，欣赏一下自然的美丽，然后再起身，带着一份好心情，继续向目标前进。

　　要相信，我们只要常怀一颗玲珑之心，善于发现身边的美景，自然的大门便会永远为我们敞开。

　　假如，有人告诉你："看，天上有一只猪。"请不要觉得好笑，更不要厌倦。

　　睁大你的眼睛，好好看看，天上有一只白嫩嫩的小猪，在向你眨眼呢，仿佛在说：你终于看见我了。

一件往事

陶晨欣

人们常说温柔是女人的天性,可老妈却恰恰相反,她的那个"犟"脾气谁也不敢恭维,并始终遵守一个原则——今日事,今日毕。就因为这一个原则,我和老爸吃尽了苦头!

自从家里添了一位成员——电脑后,妈妈的"犟"脾气就更加明显了。一天我放学回家,推开家门,并没有闻到往常家里的饭香,楼下也没有人,我便大喊了两声:"妈——妈!""我在楼上呢!"妈妈的声音从楼上传来。我赶快奔上楼,只见妈妈正在安装一个软件,当我进去时,妈妈头也不抬,便说:"你爸爸还没回来呢,等会再做饭!"我噘着嘴下了楼,还不忘说一声:"早点儿做饭哦。"

等啊等啊,过了一个小时了,妈妈还不下来,我的肚子也饿得咕咕叫了!

又过了半个小时,爸爸回来了,而妈妈还是没下来!无奈,我只好和爸爸一起等!过了二十分钟,妈妈终于下来做饭了,她边做饭边兴奋地说:"哎呀,不花钱也可以把旧版本升级了,呵呵!"洋洋自得的样子让我和爸爸又好气又好笑。爸爸打趣说:"恭喜,恭喜呀!不过我们的肚子都快要饿扁了。"妈妈翻了翻白眼,说道:"今日事,今日毕!你们也要忍耐一下嘛。"我和爸爸无奈地笑了。

老妈不仅在电脑上犯"犟"脾气,家里的各个角落中都有她倔强的痕迹。如果想打扫卫生,一定立马大张旗鼓地干起来;一大堆衣服非得马上洗完,别的事情全丢在一边;家务还没做完,怎么也不肯休息……唉!我的"犟"妈妈呀!

老妈的"犟"脾气,有时让人着急,有时让人无奈,有时让人心疼,有时让人佩服,真叫人感叹不已。

不过,有这样一个老妈,我感觉还真挺幸福的呢。

身边美景

陶丽娜

在我们的生活中,让人意想不到的,亮眼的风景处处可见,只要你愿意留意,你定会发现很多你从未想到的风景。

清晨,太阳从地平线缓缓升起,泛着微光的红日格外耀眼。

只听见走在我前面的那对母女的对话。

妈妈正在教女儿用"谢谢"这个词语,妈妈解释到,只要帮助过你的人,你都可以对他说这个词。看起来只有五六岁的女儿问道:"那我可以对警察叔叔说谢谢么?他每天指挥交通,那么辛苦!"妈妈笑着抚摸女儿的头,点了点头。

女儿又问道:"那我们是不是应该也要对打扫街道的阿姨说谢谢呢?她每天打扫街道,好辛苦啊!"妈妈说:

"是的,你可以这么做"。

女儿再问:"妈妈,那么我是不是也应该要感谢你,你每天为我做饭,接送我上学,又教我这么多的有用的知识,我更应该感谢你啊!"

即使我只能没看见妈妈的背影,我也能想象到妈妈感动的表情,她温和地对女儿说:"谢谢你,那我们一起去感谢警察叔叔和打扫街道的阿姨吧"。

女儿开心地应着,她们渐渐走出我的视线。

然后,我才想起,原来我一直所想寻找的风景,就是那个小女孩口中所想感谢的人说做的事啊!她仿佛唤醒了我的记忆,身边风景,原来如此简单!

就像一朵多彩的花儿努力地在大自然中开放,即使一朵,也能引起人们的注意,就像一道风景,随处可见,不必刻意寻找,就在这平凡的生活中,我们处处可见。

偶然的发现

胡梦妍

大众世界，万千风情，可又有谁能发现其中的美呢？

有许多人，忙忙碌碌，就如同那被鞭子驱使的马，一刻不停地工作着，仿佛生活就是工作，工作做就是生活！

我也曾迷茫过，从小到大，父母的期望，同学的鼓励，老师的教导就如同那泰山一般，沉甸甸地压在心头，鞭使我学习学习再学习，一放松就感觉对不起他们，所以就算再疲惫我也只是咬牙前进。

行步匆匆间，我似乎丢失了什么。

这一天，蔚蓝的天空万里无云，我漫无目的的走着，心头空空的，新建的校园很漂亮，整洁的小道旁种了许多花，我却无心欣赏，满眼放空地望着前方的路，灰蒙蒙的，望不到边。蓦地，一只蝴蝶闯进了我的眼里，猝不及防的撞进我心里。那是一只怎样的蝴蝶啊！它极力伸展着宛如天使羽翼一般洁白的翅膀，如同舞者一般轻盈地舞动着，顺着一种奇异而美妙的韵律在我眼中绽放，真美啊！

那一瞬，我心灵的触动无疑是巨大的，曾经丢失的东西找了回来，一扇崭新的大门为我打开。

我发现，周围的景色好像都刷上一层鲜艳的颜料，格外美丽。我看见，落日的余晖将天边的晚霞映照的如同熊熊燃烧的火焰，壮丽无比。整个学校笼罩在金色的光辉中，寂静，严肃，庄重，身边一簇簇的花丛娇艳的盛开着，每一朵花都在竭力展示自己最美的一面，五彩缤纷，我沉浸在这花海美景中。

另一边，一棵棵笔直如军人一般的树正守卫着我们，清新空气，遮挡炎日，带来清爽，承受风霜，他们就是世界的守护者，人类的守护者！带着满心欢喜，我看向远方，一盏路灯正照亮着前进的路。

天空微暗，白日的喧闹在黑夜里沉寂下来，皎洁的月亮也带着一众星星小弟朗朗升起。温暖的灯光照耀在步行街上，我慢慢地走着。我看见，一个胖乎乎的小朋友正眼馋得趴在卖棉花糖的小摊上，眼睛直勾勾地盯着正在做的蓬蓬的棉花糖，迫不及待的模样让我不禁感到好笑。

生活不是车站，上去一趟，下来一次，一天就过去了。

要像走路，边走边停，观察身边的事，发现身边的美，体会生活的快乐，这才是生活的真谛。

何不停下脚步，去发现，去寻找美呢。

身边的风景

陶 洁

寒风凛冽，雪花似空中的精灵洋洋洒洒从空中飘落而下，铺满大地，装点出一片白，太阳似一位害羞的小姑娘躲在云层之中不肯露面，街头几乎空无一人，我独自一人撑着伞，迈着大步走进了一家敞亮的小面馆。

老板娘穿着藏青色的棉衣，腰上系着一条碎花围裙，剪着利落的短发，显得格外精神能干。"老板娘，来一碗面。"我喊道，"好嘞，马上就来！"老板娘笑着迅速回应我。我呵着气，找了个位置迅速坐下，屋内的暖气让我渐渐热乎起来。这时，门被推开了，寒风夹杂着雪花涌进室内，进来了一个女孩儿。她穿着橙色的羽绒服，长长的黑发如银河般一泻而下，一双大大的眼睛水汪汪的闪烁着。

几朵雪花夹杂在她的发间，格外灵动。只见她收起伞，对着老板娘说道："老板娘，要一碗牛肉面。"也许是因为我们都刚从寒风中走来，又或许是我们是这小店中仅有的客人，我竟不由得对女孩儿产生了一种莫名的好感。

面很快就端上来了，酱油色的汤底，白乎乎的面条氤氲其中，油绿绿的葱花撒在面上，配上几碟小菜，看起来甚是诱人。寒冬带来的凉意瞬间被赶走了一半，我端起碗拿着筷子大口地吃了起来。

门再次被推开，一位白发苍苍的老人走进了面馆，老人穿着一件破旧的黑色棉衣，似乎是很多年前的了，老人佝偻着身子，找了个空位坐了下来，但他却什么也没点。我现在可无心关心这些，看了一眼便接着投入"战斗"，女孩儿好像是吃得差不多了，起身叫来了老板娘结账。只见老人快步走向女孩儿那桌，端起碗想就着女孩儿剩下的吃，女孩儿却伸手快速夺下了碗，将剩下的面通通倒入了垃圾桶中。

那一刻，所有的目光都聚在了女孩儿身上，老板娘打量着女孩儿，皱着眉头说："看你这孩子！不想给别人吃也不用这样啊，怎么这么没礼貌啊？"我也愣住了，对女孩儿的好感顷刻覆灭，一股浓浓的厌恶感涌上心头。女孩儿的脸立刻红了起来，像极了只快要被煮熟的虾，她急急地摇着头忙说："我……我不是这个意思，我严重感冒，怕传染给他，真是对不起，不好意思！"接着女孩儿看向老板娘笑着说道,"老板娘,再下碗面吧,我请客!"

我愣住了,心中顿时充满了歉意,是啊!我怎么能凭借自己的枉自猜测去揣度他人呢?老板娘也呆住了,不好意思地笑着说道:"不好意思啊!错怪你了!""没事!"女孩儿说完在桌上放了两份面钱,拿起伞蹦蹦跳跳地跑出了店。

望着女孩儿的背影渐渐从眼前消失,我在心底释然一笑。

还好,我们的误解并未使女孩儿纯真的心灵受伤。

那道背影,一直定格在我心中,成了藏在我心底的一道最美的风景。

真情在生活中流淌

王　妍

人只可以被打败，不可以被打倒。

——题记

"丁零零"下课的铃声终于响了，像是在最后一次嘶喊，我拖着疲惫的身子，眼神有些迷茫，四肢麻木，我不知道要去哪儿？也不知道哪儿才是我的家。我的那像关不住的水龙头似的，随着雨水流满了我的脸。曾经，一次次地努力；曾经，一夜夜的艰苦奋斗却换来了失败，为什么成功总是走得那么快，来去匆匆，好事从来没有停下过脚步。

雨渐渐停了，我的泪痕也随风吹干了。

门慢慢地被推开了，父亲怀里，夹着一件大衣过来，小心翼翼地披在我的肩上，慢慢坐下来，手中并捧着一杯咖啡，和我一起仰望天空，那段时间，好似冻住了。

　　时间的步伐变慢了，周围的一切都静悄悄的，父亲似乎耐不住安静，决定打破这段宁静，"这次不就没考好吗？人生会有很多场考试，这只是一次小小的测验。"我没有说话，"你这次被考试打败了，你怎可从此一蹶不振，那你不就是被生活打败了吗？"我微微点头，那动作，小到我几乎都没感觉到，父亲竟捕捉到了，把手中的咖啡递给了我，"人生就像这杯咖啡一样，你喝下去是苦的，但因为你的不放弃，不轻易被困难打倒的精神，然而，很久之后的回味，你会感觉出幸福的味道。"

　　父亲小心地走出去了，我慢慢地喝下了咖啡，苦苦的甜。

　　我心中却涌起了一份温暖。

　　真情，是一次交谈，真情，是一个安慰，真情，是苦涩后的一份温暖。

我与丑小鸭

杨 琳

我怀着期待步入小学的大门,摸爬滚打也没能站稳脚跟。繁杂的拼音和阿拉伯数字,让我在所谓的"好生"面前越来越相形见绌。兴趣被烦琐的事消磨得所剩无几,有时候看看他们再看看自己,原来,我真的比别人差太多了吗?老天爷太不公平了吧!

我渐渐习惯了看考卷上那鲜红的叉,但每次看见老师那嫌恶的眼神,每次报分数时尖厉的声音,又万分懊恼沮丧,鼓起勇气努力学习,可现实就像一把把利刃,不偏不倚,很疼,可谁会懂已被贴上差生标签的你呢?

现在,我渐渐发现我原来也有值得令人另眼相看的地方。一堂课我都闷闷不乐,文中的丑小鸭变成了美丽的白天鹅,可我呢?谁又有这么幸运。丑小鸭是白天鹅,可我只是丑鸭子。那堂课老师留了篇作文《丑小鸭与我》,

令人意外的是,第二天老师当着全班的人的面读了我的作文,我羞怯地四下张望,却获得了雷鸣般的掌声,不争气的我,顿时热泪纵横,本该眼前模糊一片,却愈发清晰了。

我觉得那些曾经觉得我很渺小或看不起我的人,他们也没有那么遥不可及了嘛,如果说过去,他们尖厉的讽刺会让我抬不起头,现在的我,只说一句"呵呵"。他们过去的荣耀,只是命运与机缘的随机抽取,而我,也只是傻傻地用孤注一掷的心态与他们志在必得的侥幸抗衡。其实,丑小鸭真的变成了自信的白天鹅。

我又想起那段评语,娟秀又有力:沙漠之所以美丽,是因为在某个地方,藏了一口井……

终于,我终于发现了那口井!

正如我,破茧成蝶,勇敢追求那一方美丽的天空!是青春铮铮的誓言,永不变更。

刺猬的拥抱

奚嫣然

森林里乌云密布，雷电在空中尖叫，风雨在空气中咆哮。小路上，刺猬慢吞吞地走着，任风雨拉扯他，任雷电嘲笑他，混乱中，他就像走失的小孩，无助而又孤单。

不久之前，他的朋友们一个个离他远去，原因只是因为他有一身的刺，想到这，他更加恨自己，更恨自己身上的刺了，"为什么……为什么？"他忍不住蹲在路边哭起来了，"我不是故意的，不要……不要离开我！"他边哭边说，像要把一切苦衷说给风雨听。"怎么了？"他听见一声温柔的疑问，他抬开蒙眬的双眼，看见撑伞蹲在他身边的乌龟，"我……我好难过。"刺猬低下头，似呢喃般说给乌龟听。"难过吗？难过的话就说给我听吧！说过后你会好很多哟！""那，那好吧。"

刺猬便把自己的事情全部倾诉给乌龟听。

"我以前有很多朋友，小鸟小兔他们都是。"刺猬像在回忆什么，变得快乐起来，不过这种快乐很快被悲伤所取代。"可是因为一次拥抱，他们就离开我了。"刺猬抬起头，看向乌龟，问他："你知道为什么吗？""为什么，那是因为……你的刺吗？"乌龟不确定的回答。"没错！就是因为我的刺！因为我抱了他们，我的刺把他们弄得遍体鳞伤！因为我自己，让我的朋友们受到了这么大的伤害，我……我好恨，好恨自己，好恨这些刺！我……我只想抱抱他们，想要朋友而已。"刺猬说着说着，又哭了起来，一旁的乌龟却在这时开口了："如果只是因为这样的话，没关系哟，我可以啊。""嗯？"刺猬不解地看向他，"我可以和你做朋友啊，我还可以和你拥抱啊。"说着，乌龟把刺猬拉了起来，张开双臂想要拥抱他，刺猬见了，一把推开乌龟，大声地说："不行！我会把你刺伤的！就像他们一样……"

　　刺猬又哭了起来。

　　雨不知何时变小了，细雨在温柔地抚摸大地，沙沙声中，刺猬的哭声显得荒凉，听了让人心疼。

　　乌龟走向刺猬，把他抱在怀里，对他说："你看，这不是没事吗？你有锋利的刺没关系，但我有坚硬的壳呀！从此以后，我们就是朋友了！"刺猬看向乌龟，见他真的没事，就向乌龟小心翼翼地问："你的意思是说，我们，是朋友了？""嗯！"

乌龟肯定的回答让刺猬灿烂地笑了。

雨停了下来,阳光拨开了乌云,暖洋洋地洒在大地上,美丽的彩虹挂在天空中,给澄澈的天空增加了亮丽的一笔。正如此时刺猬的心情一般。

阳光不躁,微风正好。

晴空万里也不过如此。

我要的幸福

刘 云

小区有个清洁员,他很特别。

与鸡鸣声一同响起来的,是他那老旧的扫把扫开尘埃与落叶所奏出的音乐。楼下的他,依旧有着活力。挣脱床单的人们推开那扇迎接新的一天的大门,映入眼帘的,是身着黄白环卫服,手持扫把的他。看似繁杂的落叶,成了一堆堆肥土良品,而那些飘扬的尘埃,也进了垃圾桶"巨无霸"的肚里,等待被处理的命运。

几位早起的人从他的身旁微笑而过,他送上温暖的笑容;来来往往的城里人,在他的问好声中出行;几个背着书包的小同学蹦蹦跳跳地跑着,奔往学校。

小区的人们都知道他,无关乎扫地的专职,只是因为他那独有的温暖和一丝不苟的精神。

时间来到下午,天热了起来,虽不至于打蛋都能熟,但有选择的人们都把自己关在充满冷气的屋内。可他呢？哦！他选择在黄昏前清除前半天的残渣。一扬手，大片的地就空了下来，这种感觉，他很享受。所以在骄阳下，便出现了他一下一下消灭垃圾的身影。蝉声鸣鸣，日高人渴。

忙完了的他，并未忙着收工回家，而是擦拭额上的汗珠，与几位路人坐在树荫下，喝着水，伴着清风，欣赏自己的作品。

偶有几位同样干渴的熟人路过，他热情腾出座位，共享夏日清凉。

花香伴着清风透进人们的鼻间心间，几位大爷伴着音乐，随着余晖舞动起来，清爽的广场上，除了人，便是花香。

而他，在人们的欢声笑语中收工，远去。

日复一日，年复一年，是他，带给了大家干净、明亮的天地，幸福了人们的生活。

最美的一景

王云蕙

是否还会在多年后依旧记得，那日夕阳余晖照耀下，渐行渐远的背影，在那个转角，有一种最美的风景。

火热的夏天却有难以言喻的美：石榴咧着嘴笑，柳叶打着卷儿，傍着湖面对镜梳妆，花坛里的花儿鲜红如火，对着太阳调皮的笑。公园湖面上全是挨挨挤挤的荷花，有的含苞，有的绽放，清风拂过，阵阵清香，迎来众人的驻足。"妈妈你看！这朵粉色好看啊！"

一个小孩子说着伸手去摘。"我的小乖乖，别动，妈摘给你！"说着爬上栏杆摘下一朵。

这一瞬间，其他小朋友也都吵着要，霎时间，只留下荷叶独自摇曳，还有一位老人的叹息。

沿着小径蜿蜒前行，旁边一排挺直的竹子，美中不足的——上面刻着显眼的"到此一游"。微微泛起涟漪的小溪，连水底的小石子也充满生命力，塑料瓶也像只随波逐流的小船，白色塑料被风吹的漫天飞舞。

我再也不想往前走下去，近黄昏了，是时候结束这次糟糕的游玩了。

折返回去，这一路上却也安静许多，独自往下走，转角，一个驼背的身影在夕阳下格外显眼。老人穿了一件笔挺的中山装，头发花白，却依旧精神，颤颤巍巍地伸出拐杖试探什么，轻轻弯下腰，熟练的从口袋拿出一个塑料袋，但他并不是乞讨之人啊！

他将垃圾一个个的装在袋里，然后站起来挺了挺背，打了个结，投进垃圾箱内，带着欣慰离开，熟练自然。

我眼眶一热，也多了几分惭愧。

看湖边清澈，荡漾的湖面仿佛荡漾着老人的笑脸。

我轻轻地离开了，在转角，回首，我懂得，最美的风景叫文明。